T0109792

LAS CINCO DISFUNCIONES DE UN EQUIPO

Patrick Lencioni

Autor de *Las cuatro obsesiones de un ejecutivo*

Las cinco disfunciones de un equipo

Un inteligente modelo para formar
un equipo cohesionado y eficaz

EMPRESA ACTIVA

Argentina - Chile - Colombia - España
Estados Unidos - México - Perú - Uruguay

1.ª edición: septiembre 2003
2.ª reimpresión: marzo 2024

Título original: *The Five Dysfunctions of a Team*
Editor original: Jossey-Bass, John Wiley & Sons, Nueva York.
Traducción: Óscar Luis Molina Serralta

© 2002 *by* Patrick Lencioni
All rights reserved. Autorized translation from English language edition published by Jossey-Bass, Inc., a John Wiley & Sons, Inc. Company
© de la traducción: 2003 *by* Óscar Luis Molina Serralta
© 2003 *by* Urano World Spain, S.A.U.
Plaza de los Reyes Magos, 8, piso 1.º C y D – 28007 Madrid
www.empresaactiva.com
www.edicionesurano.com

ISBN: 978-84-95787-32-3
Depósito legal: B-7.300-2022

Fotocomposición: Urano World Spain, S.A.U.

Impreso por Romanyà Valls, S.A. – Verdaguer, 1
08786 Capellades (Barcelona)

Impreso en España - *Printed in Spain*

A papá, por enseñarme el valor del trabajo.
Y a mamá, por alentarme a escribir.

Índice

Introducción

Ni las finanzas ni la estrategia ni la tecnología: el trabajo en equipo continúa siendo la ventaja competitiva decisiva porque es tan escaso y tan poderoso.

Un amigo, fundador de una empresa que creció hasta obtener ingresos anuales de mil millones de dólares, ha sido quien mejor me ha expresado el poder del trabajo en equipo: «Si consigues que toda la gente de una organización reme en la misma dirección, serás capaz de dominar cualquier sector industrial, en cualquier mercado, contra cualquier competencia, en todo momento». Cada vez que repito esa frase a un grupo de líderes, enseguida asienten con la cabeza, pero de una manera algo desesperada. Parecen comprender la verdad que hay en ella y al mismo tiempo rendirse a la imposibilidad de que eso suceda en la realidad.

Y aquí sale a relucir lo poco que se practica el trabajo en equipo. A pesar de toda la atención que durante años le han prestado especialistas, entrenadores, profesores y los medios, el trabajo en equipo continúa siendo algo sumamente raro en la mayoría de las organizaciones. Es un hecho que como los equipos están formados por seres humanos imperfectos son inherentemente disfuncionales.

Pero esto no significa que el trabajo en equipo esté condenado. Ni mucho menos. De hecho, es posible y sumamente sencillo construir un equipo fuerte. Pero también es penosamente difícil.

Así es. Tal como muchos otros aspectos de la vida, el

trabajo en equipo implica dominar un conjunto de conductas que son a la vez sencillas en teoría, pero extremadamente difíciles para poner en práctica día tras día. Sólo triunfan aquellos grupos que superan las muy humanas tendencias de comportamiento que corrompen a los equipos y generan políticas de poder disfuncionales en su interior.

Y sucede que el marco de aplicación de estos principios supera al de los equipos de trabajo. De hecho, los descubrí casi accidentalmente mientras intentaba formular una teoría sobre el liderazgo.

Hace pocos años, escribí mi primer libro, *Las cinco tentaciones de un directivo*, que trata sobre los peligros conductuales que acechan a los líderes. Mientras trabajaba con mis clientes, empecé a advertir que algunos estaban utilizando «erróneamente» mis teorías en un esfuerzo por evaluar y mejorar el desempeño de sus *equipos* de liderazgo. ¡Y tenían éxito!

Así pues, me resultó evidente que las cinco tentaciones no sólo valían para líderes individuales, sino que, con pocas modificaciones, también valían para los grupos. Y no sólo en las empresas. Los clérigos, los entrenadores y los maestros, entre otros, consideraban que esos principios valían en sus mundos tanto como en una empresa multinacional. Y así nació este libro.

Como mis otras obras, *Las cinco disfunciones de un equipo* empieza con un relato escrito en el contexto de una organización ficticia pero descrita en términos realistas. He descubierto que así los lectores aprenden con mayor eficacia, dejándose llevar por una historia que ofrece la posibilidad de relacionarse con los personajes. Esto también les ayuda a comprender cómo se pueden aplicar estos principios en el mundo real, donde el ritmo de trabajo y el volumen de las distracciones cotidianas hace que parezca ardua hasta la más sencilla de las tareas.

Para que pueda aplicar este material a su propia orga-

ıización, en un breve apartado, a continuación de la historia, esbozo en detalle las cinco disfunciones. Ese apartado también incluye una evaluación del equipo y propone herramientas para superar los problemas que pueden estar atormentando a su equipo.

Finalmente, aunque este libro se apoya en mi trabajo con directores generales y con sus equipos ejecutivos, cualquiera que se interese en el trabajo en equipo, puede aplicar sus teorías, aunque dirija un pequeño departamento de una compañía o tan solo forme parte de un equipo que se puede mejorar. Sea cual sea el caso, espero sinceramente que ayude a su equipo a superar sus particulares disfunciones para que pueda conseguir más de lo que los individuos solos podrían lograr. Esto, al cabo, es el verdadero poder del trabajo en equipo.

La fábula

Suerte

Sólo una persona creyó que Kathryn era la opción adecuada para ser directora general de DecisionTech, Inc. Felizmente para ella, esa persona era el presidente del consejo de administración.

Así pues, menos de un mes después de que el anterior director general fuera despedido, Kathryn Petersen se hizo cargo de las riendas de una empresa de la nueva economía que sólo dos años antes estaba en boca de todo el mundo, no tenía problemas financieros y era una de las más prometedoras de la historia reciente de Silicon Valley. No hubiera podido imaginarse hasta qué punto había caído en desgracia la compañía en tan breve lapso ni lo que le depararían los meses siguientes.

PRIMERA PARTE

Bajo rendimiento

Antecedentes

La sede de DecisionTech estaba en Half Moon Bay, un próspero pueblo costero cercano a las colinas de la bahía de San Francisco. En sentido estricto no formaba parte de Silicon Valley, pero el Valle es más una entidad cultural que geográfica. Y DecisionTech encajaba perfectamente en ese mundo.

Contaba con el equipo ejecutivo más experimentado —y mejor pagado— que uno pudiera imaginarse, un plan de negocios al parecer indestructible y más inversores de los que cualquier empresa joven podía soñar. Hasta las firmas de inversión más prudentes hacían cola para invertir en ella y los ingenieros más talentosos habían enviado su *currículum vitae* incluso antes de que la empresa alquilara sus oficinas.

Pero eso había sido casi dos años antes, lo que es toda una vida para una compañía tecnológica que empieza. Después de los eufóricos primeros meses de existencia, la empresa empezó a experimentar una serie de crecientes decepciones. Plazos cruciales no se cumplían. Algunos empleados clave abandonaron inesperadamente la compañía. La moral se deterioraba poco a poco. Y todo eso sucedía a pesar de los importantes beneficios que DecisionTech había acumulado.

Al cumplirse el segundo aniversario de la fundación de la firma, el consejo de administración, por unanimidad, acordó «solicitar» la renuncia a Jeff Shanley, director general de treinta y siete años y cofundador de la compañía.

Se le ofreció el cargo de jefe de desarrollo de negocios y, para sorpresa de sus colegas, aceptó el puesto de menor responsabilidad, pues no deseaba perder la posibilidad de ganar inmensos dividendos si la empresa llegaba a cotizar en Bolsa. A pesar de la difícil coyuntura económica por la que atravesaba el Valle había muchas razones para que eso sucediera.

A ninguno de los 150 empleados de DecisionTech le impresionó demasiado que destituyeran a Jeff. Aunque la mayoría simpatizaba con él como persona, no ignoraban que bajo su liderazgo la atmósfera de trabajo se había tornado cada vez más desagradable. Entre los ejecutivos la puñalada por la espalda se había convertido en todo un arte. En el equipo no existía ni camaradería ni unidad, lo que se manifestaba en un bajo nivel de compromiso. Todo parecía tardar demasiado en concretarse y finalmente no resultaba bien.

Otros consejos de administración podrían haber sido más pacientes con un equipo ejecutivo vacilante. No el de DecisionTech. Había demasiado en juego como para permitir que una mala gestión diera al traste con la empresa. DecisionTech se había labrado una reputación en el Valle como uno de los lugares de trabajo menos agradables y el consejo de administración no podía tolerar noticias de ese tipo, especialmente si el futuro parecía tan prometedor apenas dos años atrás.

Alguien debía asumir la responsabilidad de ese fracaso, y Jeff era el hombre al mando. Todo el mundo pareció aliviado cuando el consejo de administración anunció su decisión.

Hasta tres semanas después, cuando contrataron a Kathryn.

Kathryn

Los ejecutivos no se ponían de acuerdo sobre cuál de las características de Kathryn constituía el mayor problema. Había tantos. En primer lugar, era vieja. Antigua, por lo menos según los estándares de Silicon Valley. Kathryn tenía cincuenta y siete años.

Más importante: carecía de experiencia en el sector de la alta tecnología. Sólo había sido miembro del consejo de administración de Trinity Systems, una gran empresa tecnológica de San Francisco. Durante la mayor parte de su carrera se había dedicado a labores operativas en compañías de baja tecnología, la más importante de las cuales era un fabricante de automóviles.

Pero más que la edad o la experiencia de Kathryn pesaba la impresión de que era ajena a la cultura empresarial de DecisionTech.

Había empezado su carrera en las Fuerzas Armadas, se había casado con un profesor y entrenador de baloncesto de instituto. Después de criar a tres hijos, enseñó en primero de secundaria durante unos años hasta que descubrió su afinidad por los negocios.

A los treinta y siete años, Kathryn se matriculó en un programa nocturno de tres años en una escuela de negocios, que completó con un semestre en Cal State Hayward, que no es lo mismo que Harvard o Stanford. Pasó los quince años siguientes en la industria manufacturera, hasta su retiro a los cincuenta y cuatro años.

Que Kathryn fuera mujer nunca fue problema para el equipo directivo. Dos de sus miembros eran mujeres. Y como buena parte de la carrera de los miembros del equipo se había desarrollado en el mundo más bien progresista de la alta tecnología, la mayoría había trabajado en determinado momento a las órdenes de alguna mujer. Pero aunque su sexo fuera problema para algún miembro del equipo, esto era sólo un detalle ante la evidente diferencia de cultura empresarial.

Saltaba a la vista que Kathryn era una persona de la vieja escuela, una ejecutiva de las industrias tradicionales. Esto contrastaba fuertemente con los ejecutivos y con los cuadros superiores y medios de DecisionTech, la mayoría de los cuales apenas si tenía alguna experiencia de trabajo fuera del Valle. Algunos hasta se jactaban de jamás haberse vuelto a poner un traje —salvo para asistir a una boda— desde que se habían graduado.

No resultó sorprendente que después de leer su *currículum vitae* los miembros del consejo de administración dudaran del estado mental del presidente cuando propuso a Kathryn. Pero éste consiguió convencerles.

En primer lugar, los integrantes del consejo creyeron a su presidente cuando éste aseguró de manera tajante que Kathryn tendría éxito. En segundo lugar, era conocido por su buena intuición para seleccionar personal, a pesar del problema con Jeff. Seguramente no se equivocaría dos veces seguidas.

Pero quizá lo más importante (aunque nadie lo habría reconocido así) era que DecisionTech estaba en una situación desesperada. El presidente insistió en que no había demasiados ejecutivos dispuestos a hacerse cargo de un trabajo tan complicado en vista del estado actual de la empresa. «Deberíamos considerarnos afortunados por tener disponible a un líder tan capaz como Kathryn», argumentó.

Fuera o no fuera verdad, lo cierto es que el presidente

deseaba contar con alguien a quien conociera y en quien pudiera confiar. Cuando llamó a Kathryn para ofrecerle el puesto, le era imposible saber que pocas semanas más tarde estaría lamentando su decisión.

Fundamentos

A nadie le sorprendió tanto el ofrecimiento como a la propia Kathryn. Aunque hacía muchos años que conocía al presidente (se conocieron cuando el marido de Kathryn entrenó al hijo mayor del presidente en la secundaria), nunca se hubiera imaginado que la tuviera en tanta estima como para ofrecerle un cargo ejecutivo.

La mayor parte de sus relaciones habían sido de tipo social, centradas en la familia, el colegio y los deportes. Kathryn suponía que el presidente sabía muy poco de su vida aparte de su papel de madre y mujer de un entrenador.

Pero el presidente había seguido con mucho interés la carrera de Kathryn, sorprendido por el éxito que había logrado con una preparación relativamente modesta. En menos de cinco años había llegado a directora general de la única empresa automovilística de la zona de San Francisco, una empresa norteamericano-japonesa. Había mantenido el cargo casi una década y convirtió a la empresa en una de las más exitosas del país. Y si bien el presidente conocía poco la industria automovilística, sabía una cosa acerca de Kathryn, algo que le convenció de que era la persona perfecta para resolver los problemas de Decision-Tech.

Poseía un talento asombroso para formar equipos.

Quejas

Si los ejecutivos de DecisionTech tenían dudas acerca de Kathryn cuando se anunció su contratación, sus preocupaciones aumentaron al cabo de las dos primeras semanas de trabajo de la nueva directora general. Y no porque Kathryn hiciera nada discutible o fuera de lugar. El problema era que casi no hacía nada.

Aparte de una breve recepción el primer día y de las consiguientes entrevistas con sus subordinados directos, Kathryn pasaba el tiempo caminando por los pasillos y los vestíbulos, conversando con los miembros del personal directivo y observando en silencio cuantas reuniones tuvo oportunidad y tiempo para asistir. Y lo más controvertido: solicitó a Jeff Shanley que continuara dirigiendo las reuniones semanales del cuerpo directivo; ella, mientras, sólo escuchaba y tomaba notas.

La única acción concreta que emprendió Kathryn en esas primeras semanas fue anunciar una serie de jornadas de dos días para los ejecutivos que se efectuarían en Napa Valley durante los próximos meses. Como si necesitara darles más argumentos en su contra, ninguno de sus subordinados directos podía creer que tuviera las agallas para llevarles fuera de la oficina tantos días con todo el trabajo pendiente acumulado.

Y para empeorar las cosas, cuando alguien propuso un tema específico para comentar en la primera jornada, Kathryn no lo aceptó. Ya había establecido su propio programa.

El mismo presidente estaba sorprendido, y un poco nervioso, con los primeros informes sobre el desempeño inicial de Kathryn. Llegó a la conclusión de que si ella no enderezaba la situación, probablemente debería marcharse junto con ella. Esto empezaba a parecer el final más probable.

Observaciones

Después de sus dos primeras semanas de observación de los problemas de DecisionTech, hubo más de una ocasión en que Kathryn se preguntó si debería haber aceptado el trabajo. Pero sabía que difícilmente lo hubiera rechazado. La jubilación la había vuelto muy nerviosa y nada la ilusionaba tanto como un desafío.

Si bien no dudaba que DecisionTech sería un desafío, había en este caso algo diferente. Aunque en realidad nunca había temido al fracaso, Kathryn no podía negar que la posibilidad de que también fracasara el presidente la asustaba un poco. Empañar la reputación al final de su carrera, y entre la familia y los amigos, era más que suficiente para preocupar a la persona más segura de sí misma. Y Kathryn, por cierto, era una persona muy segura de sí misma.

Después de sobrevivir en las Fuerzas Armadas, criar a sus hijos, observar innumerables partidos de baloncesto y negociar con líderes sindicales, Kathryn no se iba a dejar intimidar por un montón de yuppies cuyas mayores dificultades en la vida hasta entonces habían sido combatir la caída del pelo y controlar el sobrepeso. Estaba convencida de que si el consejo de administración le concedía tiempo y libertad de acción sería capaz de transformar por completo la empresa.

Y no le preocupaba su desconocimiento de las particularidades de la industria informática. Creía, de hecho, que esto le concedía una ventaja. La mayoría de los miem-

bros del personal directivo parecían casi paralizados por sus propios conocimientos tecnológicos, como si ellos mismos tuvieran que programar y diseñar los productos que harían despegar a la compañía.

Kathryn sabía que Jack Welch no tuvo que ser un experto en la fabricación de tostadoras para convertir a General Electric en una empresa exitosa y que Herb Kelleher no se tuvo que pasar la vida entera pilotando aviones para crear Southwestern Airlines. A pesar de lo que pudieran indicar sus limitados conocimientos técnicos, Kathryn sabía que lo que entendía sobre tecnología informática empresarial era más que suficiente para solucionar los problemas de DecisionTech.

Sin embargo, lo que no podía saber cuando aceptó el trabajo, era el grado de disfunción del equipo directivo ni cómo éste la desafiaría de un modo desconocido para ella.

La Plana Mayor

Los empleados llamaban a los ejecutivos de DecisionTech la Plana Mayor. Nadie les llamaba equipo; a Kathryn eso no le pareció accidental.

A pesar de su indudable inteligencia e impresionantes estudios, la conducta de los miembros de la Plana Mayor en las reuniones era peor de lo que nunca había conocido en la industria automovilística. Aunque en verdad no había una hostilidad abierta y nadie parecía andar a la greña, la tensión subyacente era indudable. El resultado era que nunca se lograba tomar decisiones. Las discusiones se eternizaban y carecían de interés, apenas se intercambiaban propuestas dignas de ese nombre. Cuando había reuniones todo el mundo parecía esperar desesperadamente que terminaran lo antes posible.

Sin embargo, a pesar de las graves deficiencias del equipo, cada uno de sus miembros, considerados individualmente, parecían personas bien intencionadas y razonables. Con algunas excepciones.

Jeff, ex director general, jefe de desarrollo de negocios

Jeff Shanley era esencialmente un generalista que disfrutaba cultivando sus relaciones en el Valle. Había recaudado una parte considerable del capital fundacional de la empresa y atraído a muchos de los actuales ejecutivos. Nadie po-

día negar su capacidad cuando se trataba de conseguir inversores o de contratar gente. Pero su forma de dirigir una empresa era otro cantar.

Jeff dirigía las reuniones del personal directivo como si fuera el presidente de una asamblea estudiantil que leía un libro de texto sobre protocolo. Siempre preparaba un programa antes de cada reunión y después distribuía un detallado informe. Al revés que en la mayoría de las otras empresas de alta tecnología, sus reuniones solían empezar puntualmente y terminar con exactitud a la hora prevista. El que aparentemente no se hiciera nada en esas reuniones parecía no molestarle.

A pesar de que le retiraran de su antiguo cargo, Jeff seguía formando parte del consejo de administración. Kathryn sospechó en un principio que podía estar molesto con ella porque había asumido su trabajo, pero pronto llegó a la conclusión de que Jeff se sentía aliviado por no tener que dirigir la empresa. A Kathryn no le preocupaba su presencia en el consejo ni en su equipo directivo. Sospechaba que tenía el corazón en el lugar adecuado.

Mikey, marketing

El marketing estaba considerado como una función crítica en DecisionTech y el consejo de administración estaba feliz por haberse asegurado los servicios de una persona tan solicitada como Michele Bebe. Mikey, como gustaba que la llamaran, era conocida en el Valle como una genial constructora de marcas. Lo cual tornaba aún más sorprendente su carencia de habilidades sociales fundamentales.

Durante las reuniones, hablaba más que los demás, de vez en cuando aportaba una idea brillante, pero con mayor frecuencia se quejaba porque otras empresas en las que había trabajado hacían las cosas mucho mejor que Deci-

sionTech. Parecía una espectadora o, mejor, una víctima de las circunstancias en su nueva compañía. Aunque nunca discutía directamente con ninguno de sus compañeros, entornaba los ojos, aparentemente molesta, si uno de ellos discrepaba sobre algo que ella hubiera dicho sobre marketing. Kathryn dedujo que Mikey no era consciente de cómo agredía a los demás. Nadie actuaría voluntariamente de esa manera.

Así que a pesar de su talento y logros, a Kathryn no le sorprendió que Mikey fuera la menos popular entre el personal directivo. Con la posible excepción de Martin.

Martin, jefe de tecnología

Martin Gilmore —uno de los fundadores de la compañía— era el inventor de DecisionTech. Fue él quien creó el producto estrella de la compañía, y, aunque otros se habían encargado de buena parte del desarrollo del producto, los ejecutivos solían decir que Martin era el guardián de las joyas de la corona. La analogía se debía, en parte, a que Martin era británico.

Martin consideraba que sabía tanto de tecnología como el que más en el Valle, lo que quizás era cierto. Con posgrados de Berkeley y Cambridge y un expediente lleno de éxitos como inventor en otras dos empresas tecnológicas, pasaba por ser la persona que aportaba la ventaja competitiva clave de DecisionTech, por lo menos en cuanto se refería a capital humano.

A diferencia de Mikey, Martin no dificultaba las reuniones del personal directivo. De hecho, apenas participaba. No se negaba a asistir (ni siquiera Jeff habría tolerado una rebelión tan evidente). Pero siempre tenía encendido su ordenador portátil y parecía estar continuamente comprobando su correo o haciendo alguna cosa que absorbía su atención. Sólo cuando alguien afirmaba algo evidente-

mente incorrecto podía suceder que Martin ofreciera un comentario por lo general sarcástico.

Al principio esto resultaba tolerable, hasta divertido, a los compañeros de Martin, que parecían fascinados por su inteligencia. Pero con el tiempo empezó a ser irritante. Y en medio de las recientes dificultades de la compañía, se había convertido en una áspera fuente de frustración para muchos.

JR, ventas

Para evitar confusiones con Jeff Shanley, todo el mundo llamaba JR al jefe de ventas. Su verdadero nombre era Jeff Rawlins, pero parecía disfrutar con el apodo. JR era un vendedor experimentado y ligeramente mayor que los demás, tenía poco más de cuarenta años. Solía estar bronceado, nunca era agresivo y siempre estaba dispuesto a hacer lo que le pidieran sus compañeros.

Desgraciadamente, JR muy pocas veces terminaba lo que empezaba. Y en los casos en que eso era evidente y reconocía haberse comprometido en algo que no había cumplido, pedía disculpas hasta la saciedad a quien hubiera defraudado.

A pesar de lo que el personal directivo llamaba los puntos débiles de JR, éste conseguía mantener el respeto de sus compañeros debido a su historial. Antes de incorporarse a DecisionTech jamás había dejado de cumplir sus objetivos trimestrales en toda su carrera.

Carlos, apoyo al cliente

Aunque DecisionTech tenía relativamente pocos clientes, el consejo de administración consideraba que la compañía necesitaba invertir tempranamente en servicios de atención al

cliente, pues así se preparaba para crecer. Carlos Amador había trabajado con Mikey en otras dos empresas y ella lo presentó a la firma. Lo que resultaba irónico, pues no podían ser más diferentes.

Carlos hablaba muy poco, pero cuando lo hacía siempre tenía algo importante y constructivo que aportar. Escuchaba atentamente en las reuniones, trabajaba largas horas sin quejarse, y desmerecía sus logros anteriores cuando le preguntaban por ellos. Si había un miembro confiable y de bajo perfil entre el personal ejecutivo, esa persona era Carlos.

Kathryn agradecía no tener que preocuparse por lo menos de uno de sus nuevos subordinados directos, aunque le inquietaba un poco que su papel específico no se hubiera desarrollado todavía plenamente. El que estuviera dispuesto a responsabilizarse del control de calidad y de otras labores poco atractivas que no estaban muy atendidas, permitía a Kathryn concentrarse en asuntos más apremiantes.

Jan, director financiero

El papel del director financiero era crucial en DecisionTech y continuaría siéndolo mientras la compañía pretendiera cotizar en Bolsa. Jan Mersino sabía a qué se comprometía cuando se incorporó a la empresa y desempeñó un papel clave apoyando a Jeff cuando éste recaudaba grandes sumas de dinero de bancos de negocios y otros inversionistas.

Jan era detallista, se enorgullecía de su conocimiento del sector industrial y trataba el dinero de la compañía como si fuera propio. El consejo administrativo no había puesto cortapisas a Jeff y al personal directivo en cuanto a gastos, pero sólo porque sus miembros sabían que Jan ejercería un férreo control.

Nick, director de operaciones

El último integrante del personal directivo era quien más impresionaba, por lo menos en el papel. Nick Farrell había sido vicepresidente de una gran compañía fabricante de ordenadores del Medio Oeste y se había trasladado a California con su familia para asumir su cargo en DecisionTech. Desgraciadamente para él, tenía el papel peor definido en el equipo.

Nick era oficialmente el director de operaciones de la empresa, pero eso sólo se debía a que había solicitado ese título como condición para aceptar el trabajo. Jeff y el consejo de administración se lo habían concedido porque creían que se lo ganaría al cabo de un año si se desempeñaba de acuerdo con sus antecedentes. Más importante: se habían aficionado a contratar ejecutivos estrella, y perder a Nick habría dañado sus expectativas de ganancias.

De todos los miembros del personal directivo, Nick había sufrido más directamente que nadie el vacilante inicio de la empresa. En vista de las limitaciones para el puesto de director de Jeff, habían contratado a Nick para que dirigiera el crecimiento de DecisionTech, lo que pasaba por construir una infraestructura operativa, abrir nuevas oficinas en diversos países y dirigir los esfuerzos de adquisiciones e integraciones de la firma. La mayoría de sus responsabilidades estaban hoy suspendidas y esto restaba significado al trabajo diario de Nick.

Estaba frustrado, pero no se quejaba abiertamente. Por el contrario, trabajaba duro estableciendo relaciones, aunque a veces fueran superficiales, con cada uno de sus colegas, a quienes consideraba inferiores a él. Y aunque nunca lo dijo a ninguno de sus compañeros, a Nick le parecía que era el único calificado para ser director general. Pero resultaría obvio muy pronto.

SEGUNDA PARTE

Encender el fuego

La primera prueba

Parecía sólo uno más de tantos mensajes comunes y corrientes que Kathryn recibía continuamente por correo electrónico ahora que llevaba un tiempo en el puesto. El encabezamiento del Asunto, «oportunidad de cliente próxima semana», parecía bastante inocuo, incluso positivo, especialmente teniendo en cuenta que venía del sarcástico jefe de tecnología, de Martin. Y el mensaje era breve. Los más dañinos suelen serlo.

Aumentaba su potencial incendiario el que no estuviera dirigido a nadie en particular, sino a todo el personal directivo:

> Me acaban de llamar de ASA Manufacturing. Están interesados en probar nuestro producto para considerar una compra el próximo trimestre. JR y yo iremos a reunirnos con ellos la próxima semana. Puede ser una gran oportunidad. Regresaremos temprano el martes.

Que Martin no mencionara el conflicto de calendario con las jornadas convocadas por la directora sólo empeoraba la situación de Kathryn. No había pedido autorización para faltar el primer día y medio de las jornadas, o bien porque no creyó necesario hacerlo o bien porque sencillamente quería evitar el asunto. Kathryn decidió que no importaba cuál fuera la razón.

Resistió la tentación de evitar una confrontación con

Martin y enviarle un correo electrónico de respuesta. Kathryn decidió que éste sería su primer momento de la verdad como directora general. Y los momentos de la verdad se manejan mejor, lo sabía, cara a cara.

Kathryn encontró a Martin en su oficina leyendo el correo. Estaba de espaldas a la puerta abierta, pero no se molestó en golpear.

—Disculpa, Martin —dijo Kathryn, a la espera de que Martin se volviera, lo que éste tardó en hacer—. Acabo de ver tu correo sobre ASA.

Él asintió con la cabeza y ella continuó:

—Una buena noticia. Pero tendrás que postergar la cita unos días porque tenemos las jornadas.

Martin se quedó en silencio por un momento, incómodo. Y finalmente respondió sin manifestar emoción alguna pero con su más cerrado acento británico:

—Creo que no comprendes. Esta es una oportunidad de venta. No se pueden cambiar las citas así, sin más...

Kathryn le interrumpió y le dijo sin alterar el tono de voz:

—No, sí que comprendo. Pero creo que seguirán en el mismo lugar la próxima semana.

Nada acostumbrado a que le contradijeran directamente, Martin se agitó un tanto.

—Si te preocupa el encuentro en Napa, entonces creo que nuestras prioridades son distintas. Tenemos que salir a vender.

Kathryn respiró hondo y sonrió para ocultar sus frustraciones.

—Antes que nada, sólo tengo una prioridad en este momento. Necesitamos reaccionar y actuar juntos como un equipo o no vamos a vender absolutamente nada.

Martin guardó silencio.

Al cabo de cinco segundos incómodos, Kathryn finalizó la conversación.

—Así pues, te veo la próxima semana en Napa.

Se volvió para marcharse, pero se volvió y encaró otra vez a Martin.

—¡Ah!, y si necesitas ayuda para cambiar esa cita en ASA, házmelo saber. Conozco a Bob Tennyson, el director general. Fuimos compañeros en el consejo de administración de Trinity y me debe un favor.

Y salió de la habitación. Martin decidió no insistir más por el momento, pero no había dado su brazo a torcer.

Último esfuerzo

Jeff pasó la mañana siguiente por el despacho de Kathryn y la invitó a comer. Ella tenía previsto hacer algo a esa hora, pero alteró de buen grado el programa para atender a uno de sus subordinados directos. El restaurante mexicano más antiguo de Half Moon Bay era tan bueno como cualquier otro para tener allí una conversación difícil, pensó, y la mayor parte de la gente de la zona comía allí.

Antes de que Jeff pudiera plantear el tema que quería comentar, Kathryn sacó a colación otra cosa.

—Jeff, quiero darte las gracias por dirigir las reuniones del comité directivo de estas dos semanas. Me ha permitido sentarme en silencio y observar.

Jeff asintió con la cabeza, amablemente, aceptando ese agradecimiento menor pero alentador.

—Después de las jornadas de la próxima semana —continuó ella—, me haré cargo de todo. Pero quiero que sepas que no deberías mantenerte al margen en ese encuentro. Deberías participar tanto como cualquier otro miembro del personal directivo.

—Me parece bien —asintió Jeff—. No creo que sea un problema.

Hizo una pausa, para armarse de valor y plantear el tema por el que había invitado a comer a su jefa. Ordenó los cubiertos de plata, nervioso, y empezó:

—Ya que has mencionado las jornadas, me gustaría hacerte una pregunta.

—Adelante —dijo Kathryn, casi divertida por la inco-

modidad de Jeff. Y como ya imaginaba una pregunta acerca de la confrontación con Martin, estaba tranquila y confiada.

—Bueno, ayer, al salir de la oficina, conversé un momento con Martin en el aparcamiento —dijo Jeff, y esperó que Kathryn continuara la conversación, pero ella no lo hizo, así que Jeff prosiguió—: Bueno, me dijo algo acerca de la reunión en ASA y del problema con el horario de las jornadas.

Jeff volvió a interrumpirse, a la espera de alguna piadosa intervención de su jefa. Esta vez ocurrió, pero sólo para alentarle a continuar.

—¿Sí?

—Bueno —dijo Jeff, y tragó saliva—, cree que, y francamente estoy de acuerdo con él, que una reunión con clientes es más importante que otra interna. Y por eso, si JR y él se pierden el primer día de las jornadas, deberíamos estar de acuerdo.

Kathryn escogió las palabras cuidadosamente:

—Jeff, comprendo tu opinión, y me parece bien que no estés de acuerdo conmigo, especialmente si me lo dices cara a cara.

Jeff se veía notoriamente aliviado de momento.

—Sin embargo, me contrataron para que esta organización funcione. Y en este momento no funciona.

Jeff parecía debatirse entre mostrarse humilde o furioso, así que Kathryn aclaró el punto.

—No estoy criticando lo que has hecho hasta ahora, porque me parece que a nadie le importa esta compañía tanto como a ti —le dijo, y con esto le tranquilizó el ego y pudo pasar al punto central—. Pero no funcionamos como equipo. Y una reunión de ventas no va a tener el menor impacto en nuestro futuro a menos que ordenemos los problemas de liderazgo que hay aquí.

Jeff no conocía muy bien a Kathryn, así que prefirió no continuar una conversación que podía ser inútil y has-

ta peligrosa para su carrera. Asintió como si dijera «de acuerdo, supongo que tú decides». Los dos continuaron conversando, ahora trivialidades y tuvieron una de las comidas más rápidas de la historia de Half Moon Bay.

Poner límites

La conversación con Jeff no había perturbado a Kathryn. Había esperado alguna reacción por el incidente con Martin de parte de los subordinados directos que había heredado. Pero no la esperaba de parte del presidente.

Cuando la llamó por teléfono a su casa esa noche, pensó en un primer momento que sería para apoyarla.

—Acabo de hablar por teléfono con Jeff —le dijo en tono amistoso.

—Así que supongo que te habrá contado lo del incidente con Martin.

La actitud confiada y el buen humor de Kathryn hizo que el presidente adoptara un tono más serio.

—Sí, y estoy un poco preocupado.

Kathryn se quedó de una pieza.

—¿Tú estás preocupado?

—Mira, Kathryn, sabes que no pretendo decirte lo que tienes que hacer, pero quizá deberías tender algún puente antes de prenderle fuego al lugar.

Kathryn dejó pasar unos segundos antes de responder. Le sorprendía la inquietud del presidente, pero estaba muy tranquila y de inmediato adoptó la actitud de directora general.

—Muy bien. Lo que te voy a decir de ningún modo significa que estoy a la defensiva o que quiero ser agresiva.

—Lo sé, Kathryn.

—Bien, porque no me voy a tragar las palabras, no contigo.

—Y te lo agradezco.

—Quizá no sea así cuando escuches lo que tengo que decirte.

—Está bien, estoy sentado —le dijo, y trató de reír.

—En primer lugar, no creo estar encendiendo fuego al azar para asegurar mis golpes. He estado observando cuidadosamente a esta gente durante dos semanas, y todo lo que estoy haciendo y todo lo que voy a hacer es intencional y voluntario. No contradije a Martin porque me sintiera así, con ganas de contradecirle, en ese momento.

—Lo sé, pero es que...

Kathryn le interrumpió amablemente.

—Escúchame. Es importante.

—Está bien. Continúa.

— Si hubieras sabido cómo hacer lo que estoy tratando de hacer, no me habrías necesitado. ¿Verdad?

—Así es.

—De verdad, aprecio tu inquietud por la compañía, y por mí, y sé que tus intenciones no pueden ser mejores en ambos casos. Pero me has llamado y te debo decir que tus buenas intenciones, más que ayudar a la empresa, la están perjudicando.

—Lo siento, pero no te entiendo.

—Mira —continuó Kathryn—, durante los últimos dieciocho meses has trabajado bastante con Jeff y el resto del equipo, has trabajado más que la mayoría de presidentes de consejo, y has sido testigo de cómo la disfunción y el caos se apoderaban del equipo. Y ahora me has pedido que te ayude a resolver esa situación. ¿No es eso lo que quieres?

—Por supuesto. Es exactamente lo que quiero.

—Entonces tengo una sola pregunta que hacerte: ¿Estás preparado para las consecuencias de dejarme hacer esto correctamente? No me contestes ahora mismo —le dijo justo cuando el otro iba a abrir la boca—. Piensa un momento.

Dejó que la pregunta se revelara en todo su alcance antes de continuar.

—Esto no va a ser fácil. Ni agradable. No lo será para la empresa ni para los directivos ni para mí ni para ti.

El presidente calló un momento, resistiendo la tentación de decirle que estaba preparado para hacer cualquier cosa que ella le pidiera.

Kathryn interpretó su silencio como autorización para continuar con sus aclaraciones.

—Quizás hayas escuchado decir a mi marido que un equipo fracturado es como un brazo o una pierna rotas; restablecerse siempre es doloroso, y a veces hay que volver a producir una fractura para que la extremidad sane correctamente. Y esta segunda fractura duele más que la primera, porque la haces voluntariamente.

Hubo otra larga pausa y finalmente habló el presidente.

—De acuerdo, Kathryn, te entiendo. Haz lo que tengas que hacer. No me voy a interponer.

Kathryn estaba segura de que decía la verdad. Pero él preguntó:

—Pero tengo una última pregunta: ¿Qué parte de este equipo vas a tener que volver a quebrar?

—Lo sabré a finales de mes.

Napa

Kathryn había escogido Napa Valley para las jornadas porque estaba cerca de las oficinas y evitaba un viaje largo y costoso, pero también estaba suficientemente lejos como para sentirse fuera de la ciudad. Y sin que importara cuántas veces hubieras estado allí, siempre te proporcionaba algo de serenidad.

El hotel donde se iba a realizar el encuentro era una pequeña hostería situada en el pueblo de Yountville. A Kathryn le gustaba porque sus precios eran muy razonables en temporada baja y contaba con una sala de conferencias amplia y cómoda ubicada en el segundo piso, tenía su propia terraza desde la que se dominaban hectáreas y hectáreas de viñas.

El encuentro debía comenzar a las nueve de la mañana, lo que significaba que la mayoría del equipo debía salir de casa bastante temprano para llegar a tiempo. Hacia las nueve menos cuarto habían llegado todos, habían dejado el equipaje en la recepción y ya estaban sentados delante de la mesa de la sala de conferencias. Todos, menos Martin.

Aunque nadie decía nada sobre él, la insistencia en consultar la hora indicaba que todos se preguntaban si llegaría a tiempo. Hasta Kathryn parecía algo nerviosa.

No deseaba que la primera actividad del encuentro fuera una reprimenda por un atraso. Durante una fracción de segundo sintió pánico y se preguntó qué haría si sencillamente no llegaba. ¿Le podía despedir por no asistir a

una reunión? ¿Poseía tanta fuerza en el consejo de administración? ¿*Es tan valioso este hombre en realidad?*
Pero a las ocho y cincuenta y nueve minutos Martin cruzó la puerta y Kathryn suspiró inaudiblemente de alivio y se maldijo por inquietarse tanto. Se consoló sabiendo que finalmente iba a empezar lo que había estado esperando hacer durante casi un mes. Y por más inquieta que estuviera por la actitud de la gente de la mesa, Kathryn no podía negar que esos momentos eran los que en buena medida explicaban por qué le gustaba ser líder.

El discurso

Martin se instaló en la única silla libre, al final de la mesa de trabajo, frente a Kathryn. Apenas se sentó, extrajo su ordenador portátil del maletín y lo depositó en la mesa frente a él; no lo abrió, de momento.

Decidida a no distraerse, Kathryn sonrió al personal directivo y les habló tranquila y amablemente.

—Buenos días a todos. Quiero empezar el día diciendo unas palabras. Y no será la última vez que las diga.

Nadie sabía hasta qué punto era seria esta advertencia de Kathryn.

—Contamos con un equipo directivo con más experiencia y talento que cualquiera de nuestros competidores. Tenemos más dinero en caja que ellos. Gracias a Martin y a su equipo nuestra tecnología es la mejor. Y nuestro consejo de administración es el más influyente. Pero a pesar de todo esto dos de nuestro competidores nos superan tanto en ingresos como en aumento de clientes. ¿Alguien puede explicarme por qué?

Silencio.

Kathryn continuó entonces, con la misma calma y calidez.

—Después de entrevistarme con cada miembro del consejo y pasar un tiempo con cada uno de vosotros y hablar después con la mayoría de nuestros empleados, tengo muy claro cuál es nuestro problema. —Hizo una pausa antes de completar la idea—. No estamos funcionando como un equipo. De hecho, somos completamente disfuncionales.

Varios de los asistentes miraron a Jeff para ver cómo reaccionaba. Parecía estar tranquilo, pero Kathryn se hizo cargo de la tensión.

—No estoy diciendo esto para culpar a Jeff ni a nadie en particular. Pero es un hecho. Un hecho que vamos a encarar en los próximos dos días. Y sí, ya sé lo ridículo e increíble que puede parecer estar fuera de la oficina tantos días este mes. Pero cuando todo termine quienes continúen con nosotros habrán comprendido por qué esto es tan importante.

El último comentario captó la atención de todos.

—Está bien. Quiero decir desde un comienzo que DecisionTech va a experimentar algunos cambios durante los próximos meses y que es muy posible que a algunos de los presentes no les parezca que la nueva compañía sea el lugar donde desearían estar. No se trata de una amenaza ni de un truco dramático y no estoy pensando en nadie en particular. Sólo es una probabilidad realista y nada se consigue con negarla. Todos nosotros tenemos mucho que ofrecer a cualquier patrón, y no será el fin del mundo para nadie si tiene que marcharse porque eso sea lo mejor para la empresa y para el equipo.

Kathryn se puso de pie y se acercó a la pizarra blanca, cuidando de no parecer arrogante o condescendiente.

—Permitidme que aclare a los que pueden estar preguntándose por el sentido de todo esto que lo que vamos a hacer tiene que ver con una sola cosa: el éxito de esta compañía. Eso es todo. Ni más ni menos.

Unos pocos sonrieron.

—Por cierto, tampoco nos vamos a tomar de la mano ni cantaremos canciones ni nos desnudaremos.

Hasta Martin se las arregló para sonreír mientras los demás reían.

—Os quiero asegurar que sólo hay una razón para que estemos aquí en esta jornada y en la empresa: lograr resultados. Esto, creo yo, es lo único que da la medida de un

equipo y constituirá el meollo de cuanto hagamos hoy y mientras yo esté aquí. Espero que el año próximo y los siguientes seremos capaces de mejorar los ingresos, la rentabilidad, la retención de clientes y su satisfacción y, si el mercado lo permite, quizá podamos salir a Bolsa. Pero os puedo prometer que nada de esto sucederá si no encaramos los problemas que nos impiden actuar como un equipo.

Kathryn hizo una pausa para que todos pudieran digerir la sencillez de su mensaje, y continuó:

—¿Cómo encararemos esto entonces? En el curso de los años he llegado a la conclusión de que hay cinco razones por las cuales los equipos son disfuncionales.

Dibujó entonces un triángulo en la pizarra blanca y lo dividió trazando cuatro líneas horizontales; creó así cinco secciones separadas. Y se volvió hacia el grupo.

—Durante los próximos dos días, vamos a llenar este modelo y tratar cada asunto, uno por uno. Y veréis enseguida que nada de esto es ciencia ficción. De hecho, puede parecer sumamente fácil en el papel. Lo difícil es ponerlo en práctica.

—Ahora quiero empezar con la primera disfunción: *la ausencia de confianza*. Se volvió y escribió la frase en la sección más baja del triángulo.

Los asistentes leyeron las palabras en silencio y la mayoría frunció el ceño como diciendo *¿y eso es todo lo que nos vas a decir?*

Kathryn estaba acostumbrada a esto, y continuó.

—La confianza es el fundamento del trabajo en equipo. Y por eso la primera disfunción es el fracaso de los miembros del equipo en comprenderse y abrirse unos a otros. Y por si esto os parece una minucia, os debo decir que no lo es. Se trata de un componente absolutamente crucial en la construcción de un equipo. De hecho, quizá sea el componente más decisivo.

Era evidente que algunas personas necesitaban una explicación.

Ausencia de confianza

—Los miembros de los grandes equipos no se ocultan nada entre ellos —dijo—. No tienen miedo de airear su ropa sucia. Confiesan sus errores, sus debilidades y sus inquietudes sin temer represalias.

La mayoría de los asistentes parecía aceptar el punto, pero sin gran entusiasmo.

Kathryn siguió adelante.

—El hecho es que si no confiamos uno en el otro, y me parece que no confiamos, entonces no podemos ser la clase de equipo que finalmente obtiene resultados. Y en esto nos vamos a concentrar en primer lugar.

Retrocediendo

Jan alzó la mano y rompió el silencio reinante en la sala.

—Aunque fui profesora —dijo Kathryn, sonriendo—, eso no significa que tengáis que alzar la mano cada vez que queráis hablar. Intervenid cuando queráis.

Jan aprovechó para plantear su pregunta.

—No es mi intención ser negativa ni contradecir a nadie, pero me pregunto por qué crees que no tenemos confianza entre nosotros. ¿No será que aún no nos conoces bien?

Kathryn no contestó de inmediato. Quería dar una respuesta bien pensada.

—Bueno, mi opinión se basa en una serie de datos, Jan. Comentarios puntuales del consejo de administración, de los empleados e, incluso, de vosotros mismos.

A Jan pareció satisfacerle la respuesta, pero Kathryn decidió continuar.

—Aunque quiero decir que independientemente de lo que me hayan dicho terceros, la falta de debate patente en las reuniones y en otras interacciones de este equipo revela la existencia de un problema de confianza entre los integrantes del mismo. Pero no quiero adelantarme, porque esa es una parte del modelo que abordaremos en su momento.

Nick no pudo contenerse.

—¿Pero eso no siempre significa que hay falta de confianza, verdad?

La pregunta era más una afirmación que otra cosa.

Todo el mundo en la sala, incluyendo a Martin y Mikey, parecía ansioso por escuchar la respuesta de Kathryn.

—No, creo que no necesariamente.

A Nick le complació que su comentario fuera considerado correcto.

Pero Kathryn aclaró las cosas.

—En teoría, si todo el mundo trabaja codo a codo con un mismo objetivo en mente, sin que exista la menor confusión al respecto, entonces supongo que la falta de debate puede ser una buena señal.

Algunos de los presentes sonrieron avergonzados ante una descripción que evidentemente no coincidía con ellos. La satisfacción desapareció del rostro de Nick.

Kathryn prosiguió dirigiéndose a él.

—Pero tengo que decir que todo equipo eficaz que he conocido mantiene un nivel importante de debate. Incluso los equipos entre cuyos miembros reina la mayor confianza discuten bastante.

Y a continuación dirigió una pregunta al resto de los presentes.

—¿Por qué creéis que hay tan escasa discusión apasionada en este grupo?

Nadie contestó al principio, y Kathryn no hizo nada para interrumpir ese silencio incómodo. Entonces Mikey dijo algo entre dientes.

—Lo siento, Mikey, no te he oído.

Kathryn se esforzaba por ocultar la molestia que le causaban las observaciones sarcásticas, habilidad que había aprendido mientras enseñaba en primero de secundaria.

—No hay tiempo suficiente —aclaró Mikey, ahora en voz alta—. Creo que tenemos demasiado trabajo como para enzarzarnos en debates sobre asuntos menores. En realidad estamos ahogados de trabajo.

Kathryn presentía que los demás podrían no estar de acuerdo con Mikey, pero se preguntaba si alguien se atre-

vería a cuestionarla a ella. Estaba a punto de hacerlo ella misma, cuando Jeff intervino.

—No estoy seguro de coincidir contigo, Mikey. No creo que nos falte tiempo para debatir. Creo que no nos sentiríamos cómodos si nos desafiáramos. Y no estoy seguro de por qué.

Mikey contestó en el acto y con dureza.

—Quizá se deba a que nuestras reuniones siempre son tan rígidas y aburridas.

Dejándose llevar por su sentido maternal Kathryn estuvo a punto de intervenir para defender a Jeff, en parte para recompensarle por haberse encarado con Mikey. Pero prefirió dejar que las cosas siguieran su curso.

Hubo un breve silencio y Carlos intervino amablemente, pero sin dirigirse a Mikey, como si ella no hubiera sido la autora de aquella observación:

—Un momento, por favor, escuchad todos. Estoy de acuerdo. Las reuniones han sido bastante aburridas y el programa suele estar recargado. Pero creo que todos podríamos haber dialogado un poco más. Es indudable que no todos estamos de acuerdo en todo.

—Creo que no estamos de acuerdo en nada —dijo Nick.

Todos se rieron, menos Martin, que había abierto el ordenador y lo había encendido.

Kathryn se unió a la conversación cada vez más viva.

—Así que no estáis de acuerdo en la mayoría de las cosas y sin embargo no parecéis dispuestos a aceptar que estáis preocupados. No soy doctora en psicología, pero éste es un problema de confianza sin duda alguna.

Algunos de los presentes asintieron manifestando estar de acuerdo con Kathryn, algo que ella apreció como el hambriento al que se ofrece un mendrugo de pan.

Y entonces se oyó el sonido de las teclas. Martin, ahora por completo al margen de la conversación, escribía sin pausa. Distraídos por el sonido, todos miraron a Martin

durante una fracción de segundo. Y eso fue suficiente para acabar con el impulso que la conversación parecía estar adquiriendo.

Kathryn había anhelado y temido este momento desde la primera reunión del personal directivo que había observado. Y si bien deseaba evitar un enfrentamiento con Martin, especialmente tan pronto, no tenía más remedio que tomar cartas en el asunto.

Peligro a la vista

La tensión iba en aumento en la sala mientras Kathryn observaba a Martin golpear las teclas en el otro extremo de la mesa. Nadie creía que ella diría algo. Pero no conocían bien a Kathryn.

—Disculpa, Martin.

Martin terminó de escribir y alzó la vista.

—¿Estás trabajando en algo?

La pregunta de Kathryn sonaba sincera, sin el menor asomo de sarcasmo.

Todos esperaban ansiosamente la respuesta a la pregunta que habían estado deseando formular durante los dos últimos años.

Pareció que Martin no iba a responder, pero finalmente dijo:

—Estoy tomando notas.

Y continuó escribiendo en su ordenador.

Kathryn no perdió la calma y prosiguió hablando en tono mesurado.

—Creo que es buen momento para hablar de las normas básicas de conducta en las jornadas y en las próximas reuniones que tendremos.

Martin alzó la vista del ordenador y Kathryn continuó, dirigiendo sus comentarios al conjunto del grupo.

—No tengo muchas normas para las reuniones. Pero hay unas cuantas que exijo que se cumplan.

Todos esperaban que empezara a enunciarlas.

—Quiero que todos tengáis en cuenta dos cosas: estar

presentes y participar. Esto significa que nadie puede aislarse de las conversaciones.

Incluso Martin sabía cuándo retroceder un poco. Hizo una pregunta, pero en un tono ligeramente conciliador, que el grupo no estaba acostumbrado a escuchar en su jefe de tecnología.

—¿Y qué sucede cuando la conversación no es importante para alguien? A veces parece que hablamos de asuntos que sería mejor discutir por separado, en plan individual.

—Un buen punto —dijo Kathryn, que ahora parecía ir recuperando a Martin—. Si eso llega a producirse, si pensamos que estamos desperdiciando el tiempo del grupo ocupándonos de asuntos que deberían tratarse fuera de las reuniones, entonces cada cual debería sentirse libre para decirlo.

Martin parecía complacido porque Kathryn hubiera coincidido con él.

—Pero por lo demás —continuó Kathryn— quiero que participéis activamente en el programa de las jornadas. Y si bien comprendo que algunas personas prefieran utilizar un ordenador en lugar de una libreta, como tú Martin, he advertido que es algo que distrae mucho a los demás. Resulta fácil imaginar que la persona está revisando su correo electrónico o trabajando en otra cosa.

Mikey decidió acudir en ayuda de Martin, algo que él no deseaba ni necesitaba.

—Kathryn, con todo respeto, tú no has trabajado en una cultura de alta tecnología, y eso es muy habitual en empresas de informática. Quizá no lo sea en la industria automovilística, pero...

Kathryn la interrumpió amablemente.

—En realidad es muy habitual en el mundo automovilístico. Allí tuve el mismo problema. Es más un asunto de conducta personal que un asunto de cultura tecnológica.

Jeff asintió y sonrió como diciendo «buena respues-

ta». Y entonces Martin apagó el ordenador y lo guardó en el maletín. Más de un miembro del grupo estaba mirando a Kathryn como si ésta hubiera exigido a un ladrón de bancos que entregara el arma.

Si tan sólo el resto del día resultara tan fácil...

Desnudarse

Kathryn sabía que estaba por empezar una parte engañosamente decisiva de la reunión, que le permitiría obtener claves sobre cómo se podrían desarrollar los acontecimientos en los meses siguientes. Y no era casual que éste fuera el primer ejercicio verdadero del programa de trabajo.

—Antes de ponernos a alzar pesas, comencemos con lo que llamo historias personales.

Kathryn explicó que todo el mundo debía responder cinco preguntas personales pero no indiscretas relacionadas con su pasado. Terminó las instrucciones con una advertencia humorística que hasta Martin pareció apreciar.

—Tened presente que quiero saber cosas de cuando erais niños, pero que no me interesa vuestro niño interior.

Uno por uno, los ejecutivos de DecisionTech respondieron la preguntas. ¿Ciudad o pueblo natal? ¿Cuántos hermanos? ¿Pasatiempos infantiles interesantes? ¿El mayor desafío al crecer? ¿El primer trabajo?

Casi todas las respuestas contenían un par de gemas que pocos ejecutivos, o ninguno, conocían.

Carlos era el mayor de nueve hermanos. Mikey había estudiado danza en la Juilliard School de Nueva York. Jeff había sido utilero de los Boston Red Sox. Martin había pasado buena parte de su infancia en la India. JR tenía un hermano gemelo. Jan había sido recluta militar. Durante la conversación, Nick descubrió que en el colegio había jugado baloncesto contra el equipo que entrenaba el marido de Kathryn.

En cuanto a Kathryn, lo que más sorprendió e impresionó a sus subordinados sobre ella no fue su paso por las Fuerzas Armadas ni su experiencia en la industria automovilística, sino que hubiera sido seleccionada para el equipo nacional de voleibol cuando cursaba los primeros cursos universitarios.

Fue asombroso. Al cabo de sólo cuarenta y cinco minutos de muy ligero esfuerzo por entrar en terrenos personales, el equipo parecía más unido y más cómodo que en ningún otro momento del año anterior. Pero Kathryn conocía el paño y no ignoraba que la euforia iba a disminuir apenas la conversación se desplazara a temas de trabajo.

Profundizando

Cuando el equipo regresó de un breve descanso, era evidente que ya había perdido parte del entusiasmo de la sesión de la mañana. Dedicaron varias horas, incluso durante el almuerzo, a revisar sus patrones individuales de conducta según diversas herramientas de diagnóstico que habían completado antes de venir a Napa. Una de ellas era el Indicador Myers-Briggs.

A Kathryn le sorprendió gratamente que incluso Martin participara en el debate. Pero, razonó, a todo el mundo le gusta aprender y hablar de sí mismo. Hasta que llegan las críticas. Y estaban por llegar.

Kathryn decidió que la tarde no era un buen momento para sumergirse en la fase siguiente en vista del nivel de energías de cada uno. Así que les concedió unas horas de descanso, para que revisaran su correo, hicieran ejercicio o lo que quisieran. Kathryn sabía que trabajarían por la noche y no quería que se agotaran antes de tiempo.

Martin pasó la mayor parte de la tarde leyendo correos electrónicos en su habitación. Nick, Jeff, Carlos y JR jugaron a las bochas, y Kathryn y Jan se reunieron en el vestíbulo del hotel para hablar de presupuestos. Mikey se sentó junto a la piscina a leer una novela.

Se volvieron a reunir a la hora de la cena y a Kathryn le gustó que retomaran la conversación en el punto donde la habían dejado. A esas alturas todos reconocían que tenían estilos personales diferentes de trabajo y hablaban sobre las ventajas e inconvenientes de ser introvertido o

extrovertido y sobre otros asuntos similares. Se estaban soltando, no cabía duda.

Cenaron pizza y bebieron cerveza y todo parecía así menos amenazante. De pronto Carlos acusó en broma a Jan de ser demasiado quisquilloso y Jeff a JR por ser incapaz de centrarse en algo. Incluso Martin estuvo a la altura de la situación cuando Nick le calificó de «introvertido rabioso». A nadie le molestaban las bromas, algunas pesadas aunque sin mala intención; salvo a Mikey. Y no porque se las tomara a mal. Peor aún, nadie le gastó ninguna broma y, cosa nada sorprendente, ella tampoco comentó casi nada de nadie.

Kathryn deseaba incorporarla al proceso, pero decidió no ser demasiado agresiva tan pronto. Las cosas marchaban bien, mejor de lo que había esperado, y el equipo parecía dispuesto a hablar de alguna de las conductas disfuncionales que había observado Kathryn en las reuniones del personal directivo. No era necesario provocar una controversia la primera noche, especialmente si ya había intercambiado algunas balas con Martin.

Pero a veces las cosas no se pueden controlar y la misma Mikey abrió la puerta a sus propios problemas. Cuando Nick dijo al grupo que consideraba que las descripciones personales eran asombrosamente exactas y positivas, Mikey hizo lo que tan a menudo hacía en las reuniones: entornó los ojos.

Kathryn estaba a punto de hacerle notar su conducta, pero Nick se le adelantó.

—¿Qué sucede?

Mikey reaccionó como si no entendiera la pregunta.

—¿Qué?

Nick estaba casi bromeando, pero se sentía algo molesto.

—Vamos. Has entornado los ojos. ¿He dicho alguna estupidez?

Mikey insistió en fingir ignorancia.

—Si yo no he dicho nada.

Y ahora Jan intervino, pero amablemente.

—No hace falta que digas nada, Mikey. Era tu expresión —dijo Jan, que quería suavizar la situación y ayudar a su colega a retroceder sin tener que perder la cara—. A veces me parece que ni siquiera te das cuenta de lo que haces.

Pero Mikey no quería ceder, y empezaba a ponerse un tanto a la defensiva.

—De verdad no sé de qué estáis hablando.

Nick no pudo contenerse.

—Vamos. Lo haces todo el tiempo. Como si creyeras que todos somos idiotas.

Kathryn se dijo que no pediría cerveza para la cena la próxima vez. Pero no podía negar que le agradaba que las cosas empezaran a salir a la superficie. Comió un poco más de pizza y permaneció a la expectativa resistiendo la tentación de provocar una paz artificial.

Mikey contestó eludiendo la pregunta.

—Escuchadme todos. No me interesa esta charlatanería psicológica. No creo que ninguno de nuestros competidores, que casualmente nos están ganando en este momento, esté sentado en un hotel de Napa conversando sobre de dónde sacan su energía ni sobre cómo conciben el mundo.

La condena de todo el proceso, con el cual parecían estar disfrutando, cogió a los miembros del grupo por sorpresa y miraron a Kathryn para ver cómo iba a responder. Pero Martin se le adelantó.

—Sí, tienes razón.

A todos sorprendió que Martin, que parecía comprometido en el proceso, estuviera defendiendo a Mikey. Pero aún no había terminado.

—Es probable que estén en Carmel.

Si lo hubiera dicho otro, el grupo se habría limitado a sonreír. Pero viniendo esas palabras de Martin y dirigidas a Mikey, y con ese tono seco y sarcástico, todos se partie-

ron de risa. Menos Mikey, por supuesto, que sólo sonreía forzadamente.

Kathryn pensó por un momento que su vicepresidente de marketing se marcharía. Hubiera sido mejor que lo que hizo. Durante la siguiente hora y media Mikey no dijo una sola palabra y permaneció sentada en silencio mientras el grupo debatía.

La temática derivó finalmente hacia asuntos puntuales relacionados con el negocio. Jan interrumpió la conversación y preguntó a Kathryn:

—¿Nos estamos saliendo del tema?

Kathryn negó con la cabeza.

—No, me parece bien que entremos en asuntos operacionales mientras hablamos acerca de estas cuestiones de conducta. Nos da la oportunidad de ver cómo ponemos en acción todo esto.

Por más contenta que estuviera Kathryn por la interacción que se había producido en el equipo, no podía dejar de lado el hecho de que la conducta de Mikey manifestaba a las claras su incapacidad para confiar en sus compañeros.

Aparte en la piscina

Kathryn dio por terminada la sesión un poco después de las diez de la noche y el grupo se marchó a la cama, salvo Jan y Nick que se enfrascaron en una conversación sobre el presupuesto. Las habitaciones de Kathryn y Mikey estaban cerca de la piscina del pequeño hotel y mientras se dirigían hacia ellas Kathryn decidió averiguar si la actitud de Mikey podía cambiar con una charla personal.

—¿Estás bien? —le preguntó Kathryn, procurando no parecer ni dramática ni maternal.

—Estoy bien —contestó Mikey, que no fingía muy bien.

—Ya sé que este proceso es difícil, y que puedes creer que han sido un poco duros contigo.

—¿Un poco? No permito que la gente se ría de mí en mi casa, y por todos los diablos tampoco voy a permitirlo en el trabajo. Esta gente no tiene idea de cómo lograr que una empresa tenga éxito.

Kathryn se quedó bastante confundida por la agresividad de la respuesta y tardó en decir algo.

—Bueno, podemos hablar de eso mañana. Me parece que necesitan escuchar lo que piensas.

—Oh, mañana no voy a decir nada.

Kathryn trataba de no perder la calma ante los comentarios de Mikey, que atribuía más a sus emociones del momento que a otra cosa.

—Creo que mañana te sentirás mejor.

—No, lo digo en serio. No abriré la boca.

Kathryn decidió dejar las cosas en ese punto por el momento.

—Bueno, que duermas bien.

Ya estaban delante de sus respectivas habitaciones. Mikey dio por concluida la conversación con una risa sarcástica.

—¡Desde luego! Lo haré.

Rebote

Sólo Kathryn y Jan estaban en la sala de conferencias cuando a la mañana siguiente Mikey hizo aparición. Parecía entusiasta y para nada atribulada por los sucesos del día anterior, lo que sorprendió gratamente a Kathryn.

Cuando el resto del equipo estuvo presente, Kathryn abrió la sesión con una versión abreviada del discurso del día anterior.

Bueno, antes de empezar creo que sería bueno recordar por qué estamos aquí. Tenemos más dinero en caja, más directivos con experiencia, mejor tecnología y más relaciones que cualquiera de nuestros competidores, y sin embargo por lo menos dos de ellos tienen mejor cuota de mercado que nosotros. Nuestro trabajo es aumentar los ingresos, la rentabilidad y la adquisición y retención de clientes y quizás hasta crear las condiciones para cotizar en Bolsa. Pero nada de todo esto va a suceder si no funcionamos como un equipo.

Hizo una pausa, sorprendida por la atención con que parecían escucharla sus subordinados. Como si la escucharan por primera vez.

—¿Alguna pregunta?

En lugar de permanecer sentados en silencio, unos cuantos sacudieron la cabeza como diciendo «no tenemos preguntas; empecemos». Por lo menos así lo interpretó Kathryn.

Durante varias horas el grupo repasó los temas de la jornada anterior. Al cabo de una hora o poco más, Martin

y Nick parecían estar perdiendo interés y JR se distraía más cada vez que su móvil le avisaba con una vibración que tenía una llamada, que él, sin embargo, no respondía.

Kathryn decidió tomar cartas en el asunto antes de que empezaran a conversar entre ellos.

—Sé que algunos se deben estar preguntando qué sentido tiene hacer lo que estamos haciendo si ya lo hicimos ayer. Y soy consciente de que nos repetimos. Pero las enseñanzas de este proceso no se incorporarán a nuestra conducta mientras no comprendamos cómo aplicarlas completamente.

Durante otra hora el grupo habló sobre las implicaciones de sus diversas preferencias de estilo y las oportunidades colectivas y desafíos que creaban esos estilos. Mikey hizo pocos comentarios, pero cada vez que hablaba el flujo de la conversación parecía disminuir drásticamente. Martin tampoco hablaba mucho, pero parecía prestar atención y seguir la conversación.

A media mañana habían completado la revisión de estilos interpersonales y conductas de equipo. Y entonces, cuando faltaba poco menos de una hora para el almuerzo, Kathryn decidió presentar el ejercicio más importante del día. El mismo que más tarde recordaría como el momento de la verdad para Mikey y el resto del equipo.

Conciencia alerta

Kathryn volvió a la pizarra blanca y explicó:

—Recordad que el trabajo en equipo empieza con la construcción de confianza. Y el único modo de conseguirlo es superar nuestra necesidad de invulnerabilidad.

Escribió la palabra *Invulnerabilidad* al lado de *Ausencia de confianza* en la pizarra.

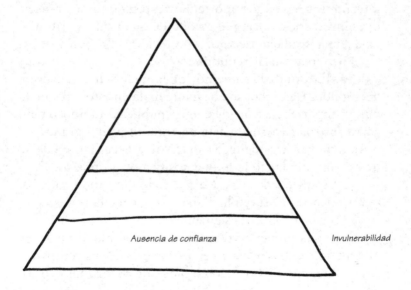

Ausencia de confianza   Invulnerabilidad

—Así que todos nosotros —continuó— vamos a demostrar esta mañana vulnerabilidad de un modo poco arriesgado pero relevante.

Entonces pidió a cada uno que dedicara cinco minutos a decidir cuál creía que era su mayor fortaleza y su mayor debilidad en términos de su contribución al éxito o fracaso de DecisionTech.

—No me vale una debilidad genérica y tampoco generalidades sobre vuestras fortalezas porque seáis demasiado modestos o vergonzosos y os cueste decir lo que pensáis acerca de aquello en lo que sois verdaderamente buenos. Os debéis tomar en serio este simple ejercicio y tenéis que estar dispuestos a ser sinceros.

Kathryn empezó el debate cuando era evidente que todos habían terminado de hacer sus anotaciones.

—Bien, empiezo yo —dijo, y miró un instante sus notas—. Creo que mi mayor fortaleza, por lo menos la que tendrá mayor impacto en nuestro éxito, es mi capacidad de distinguir entre la información secundaria y superflua e ir directamente a la que importa. Soy capaz de eliminar detalles innecesarios y llegar al meollo de un asunto y esto nos va a ahorrar mucho tiempo.

Hizo una pausa y continuó:

—Mi debilidad es que no soy la mejor comunicadora del mundo. De hecho, soy bastante mala en esto y tiendo a quitar importancia a las relaciones públicas. Tampoco tengo talento ni tacto para hablar ante un grupo grande o, peor, ante cámaras de televisión. Voy a necesitar ayuda si queremos cumplir todo lo que nos hemos propuesto.

A excepción de JR y Mikey, todo el mundo tomaba notas mientras Kathryn hablaba. Lo que a ella le gustó.

—Bien, ¿quién es el siguiente?

No surgió ningún voluntario. Todo el mundo miraba alrededor, algunos a la espera de que uno de sus compañeros se adelantara y otros como pidiendo autorización para hablar.

Nick rompió el hielo finalmente.

—Allá vamos, de acuerdo, veamos —dijo, y revisaba sus notas—. Mi mayor fortaleza es que no tengo miedo de

negociar y manejar situaciones fuera de la empresa, sea con socios, vendedores o competidores. No tengo problemas para empujarles a hacer más de lo que desean hacer. Mi mayor debilidad, sin embargo, es que a veces resulto arrogante.

Algunos compañeros de Nick rieron, algo nerviosos. Él sonrió y continuó:

—Sí, he tenido ese problema desde la universidad y probablemente desde antes. A veces soy sarcástico e incluso agresivo y a veces doy la impresión de que me creo más inteligente que todos los demás. Y esto puede estar bien, supongo, si estoy tratando con un vendedor, pero con vosotros, muchachos, puede resultar que os moleste un poco, lo cual no creo que nos ayude a llegar adonde queremos ir.

—Parece que tus fortalezas y debilidades tienen la misma raíz —comentó Jeff.

Martin, para sorpresa de todos, intervino argumentando:

—¿Y no es siempre así?

Casi todos asintieron.

A Kathryn le impresionó la aparente honestidad de las observaciones de Nick y la disposición de otras personas para hacer comentarios. Estaba contenta por haber hablado primero.

—Muy bien. Esto es exactamente lo que quería, ¿Quién sigue?

Jan se ofreció a continuar y habló de sus capacidades administrativas y de la atención al detalle como sus mayores fortalezas, y todo el mundo estuvo de acuerdo enseguida. Después aceptó que quizás era más conservadora de lo que debería ser una directora financiera de una empresa joven. Explicó que eso provenía de su aprendizaje en compañías más grandes y de su inquietud porque sus compañeros no se preocuparan lo suficiente de los gastos.

—Sin embargo, creo que os estoy dificultando el trabajo con mi actitud tan controladora.

Carlos le aseguró que el resto del grupo podría dar algún paso en su dirección.

Jeff fue el siguiente. No le resultaba fácil referirse a sus asombrosas habilidades para fomentar contactos profesionales y a su capacidad para crear sociedades con inversionistas y socios.

Pero Jan no le iba dejar en la estacada.

—Vamos, Jeff. Si algo hemos hecho bien, es reunir dinero a manos llenas y entusiasmar a inversionistas con la compañía. No rebajes el papel que te corresponde en ello.

Jeff aceptó a regañadientes ese cariñoso apoyo y después conmovió a todos con su confesión de debilidades:

—Tengo mucho miedo a fracasar. Por eso tiendo a preparar en exceso las cosas y a hacerlas yo mismo. No me gusta decir a los demás qué tienen que hacer y esto, irónicamente, hace más probable el que yo mismo fracase.

Jeff pareció luchar un momento con sus emociones, pero se recuperó enseguida. Estaba seguro de que nadie lo había advertido.

—Y creo que ésa quizá sea la razón principal por la cual no hemos tenido éxito y de que ya no sea el director general.

Se interrumpió un momento, pero continuó rápidamente:

—Lo que en realidad me parece bien. De hecho estoy feliz por haber dejado ese trabajo.

El grupo se rió, apoyándole.

Kathryn no podía creer que las tres primeras personas lo hubieran hecho tan bien. Hasta empezó a alentar la esperanza de que seguiría ese impulso y el día sería todo un éxito. Entonces habló Mikey.

—Bien, ahora hablo yo —dijo Mikey que, a diferencia de sus compañeros, miró todo el tiempo sus notas mientras hablaba—. Mi mayor fortaleza es mi comprensión del mercado tecnológico y que sé comunicarme con los analis-

tas y los medios. Mi mayor debilidad es mi pobre capacidad financiera.

Silencio. Ningún comentario ni pregunta. Nada.

Como Kathryn, casi todos vacilaban entre dos emociones: el alivio porque Mikey hubiera terminado y la decepción por la superficialidad de su respuesta. En ese momento, Kathryn prefirió no forzar a su vicepresidente de marketing para que se manifestara más vulnerable. Mikey tendría que hacerlo por sí misma.

Pasaban los segundos y el grupo rogaba en silencio que alguien quebrara ese silencio. Carlos los sacó del problema.

—Ahora me toca a mí.

E hizo todo lo posible para devolver la conversación a su mejor nivel. Dijo que su fortaleza era su capacidad de seguimiento y su debilidad su reticencia a poner al día a las personas sobre sus progresos.

Jan intervino apenas Carlos terminó de hablar.

—Carlos, creo que te equivocas en tus dos respuestas.

Kathryn, que no estaba al tanto de la amistad entre Jan y Carlos, se sorprendió por la franqueza de esa observación.

—Primero —continuó Jan—, eres muy íntegro y tu fortaleza es tu disposición para hacer el trabajo menudo y el pesado y no quejarte. Ya sé que esto puede sonar terrible, pero no sé qué pasaría aquí si no anduvieras por ahí arreglando lo que dejamos pendiente.

Hubo varias voces que manifestaron su acuerdo.

—Y por el lado negativo, creo que nos deberías decir más a menudo lo que piensas durante las reuniones. Te callas demasiado.

Todo el mundo estaba a la expectativa de lo que iba a responder Carlos, pero éste sólo asintió con la cabeza y escribió algo en su libreta.

—De acuerdo —dijo.

JR se ofreció a ser el próximo y provocó verdaderas carcajadas cuando explicó:

—Claramente, mi mayor fortaleza es mi capacidad de seguimiento y mi atención a los detalles.

El grupo disfrutó riendo hasta que JR prosiguió:

—En serio, soy bastante bueno para construir relaciones personales sólidas con los clientes. De hecho, soy muy bueno en eso. —Lo dijo en un tono bastante modesto y todo el mundo pudo apreciarlo—. El lado flaco es que si no creo que algo sea terriblemente importante, lo cual significa que no creo que me ayude a cerrar un negocio, a veces lo dejo pasar.

—¿A veces? —preguntó Nick y todos volvieron a reír.

—Lo sé —dijo JR, sonrojándose—. Lo sé, lo sé. Pero parece que no logro poner al día lo que tengo que hacer. No sé por qué. Pero creo que esto perjudica al equipo.

Martin era el único que no había hablado.

—Creo que me toca —dijo y respiró profundamente—. No me gusta hablar de mí mismo de este modo, pero tengo que hacerlo. Creo que soy bueno para resolver problemas y hacer análisis. Pero no soy muy bueno para comunicarme con otros seres humanos. —Se interrumpió—. No es que no pueda hacerlo, pero en realidad prefiero a la gente que no es muy sensible. Me gusta conversar sólo en un nivel intelectual sin tener que preocuparme de cómo se siente la gente ni de cosas por ese estilo. ¿Entendéis?

—Claro que sí —dijo Jeff, que había decidido arriesgarse—. El problema es que eso puede hacer creer a la gente que no le gustas. Que te hace perder el tiempo.

Martin parecía visiblemente decepcionado por la observación de Jeff.

—No, no es así. No es lo que pretendo en absoluto. Eso está mal. Supongo que alcanzo a entender cómo sucede. Pero no sé cómo cambiarlo.

Mikey intervino, sonriendo por primera vez en toda la mañana.

—Años de psicoterapia, amigo mío. Y ni siquiera así hay seguridad de que cambies. Lo que pasa es que eres un

arrogante. ¿Pero acaso no lo son todos los directores de tecnología de Silicon Valley?

Mikey se reía. Era la única, a excepción de Martin, que parecía confundido por el comentario de su colega y quería verle el lado humorístico. Pero en realidad por dentro estaba hecho polvo.

Kathryn se reprocharía más tarde no haberle llamado la atención a Mikey por su observación, que entonces atribuyó a su asombrosamente baja inteligencia emocional. En cualquier caso, ya le parecía evidente que la conducta de Mikey tenía un verdadero impacto en la conducta del grupo.

Ego

Cuando todos ya se habían instalado en la mesa, Kathryn anunció un cambio de rumbo.

—Vamos a analizar la disfunción final, pero volveremos una y otra vez al tema del temor a la vulnerabilidad y a la necesidad de confianza el mes entrante. Si alguien espera otra cosa, mejor que se prepare.

Todo el mundo supuso que hablaba a Mikey. Nadie podría haber imaginado que otro miembro del equipo estuviera teniendo tantas dificultades como ella.

Kathryn describió la siguiente disfunción escribiendo en la pizarra la frase *Falta de atención a los resultados* en el vértice superior del triángulo.

—Ahora nos vamos al vértice del triángulo para hablar de la disfunción fundamental: la tendencia de los miembros de un equipo a perseguir el reconocimiento personal y atención individual a expensas de los resultados. Y me refiero a los resultados colectivos, a las metas de todo el equipo.

—¿Tiene que ver con el ego? —preguntó Nick.

—Bueno, supongo que es parte de la cuestión —concedió Kathryn—. Pero no estoy diciendo que no haya un lugar para el ego en un equipo. La clave es que el ego colectivo sea mayor que los egos individuales.

—No estoy seguro de entender la relación de esto con los resultados —observó Jeff.

—Bueno, cuando todos están concentrados en los resultados y los utilizan para definir el éxito, es difícil que el

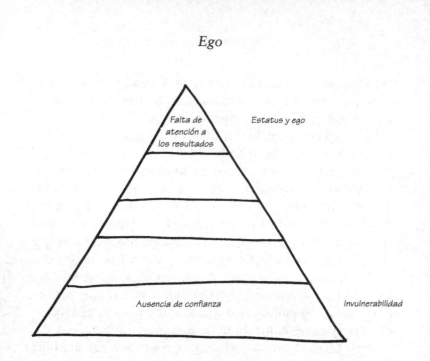

Falta de atención a los resultados

Estatus y ego

Ausencia de confianza

Invulnerabilidad

ego se dispare. Sin que importe lo bien que se pueda sentir un individuo del equipo acerca de su situación, todos pierden si el equipo pierde.

Kathryn advertía que no todos sus subordinados estaban completamente de acuerdo con ella, así que intentó otro enfoque.

—Ayer os dije que mi marido es entrenador de baloncesto en el instituto St. Jude de San Mateo.

—Es un gran entrenador —explicó Nick—. Desde mis tiempos de secundaria diversas universidades no dejan de ofrecerle trabajo, y todos los años rechaza las ofertas. Es una leyenda.

Kathryn estaba orgullosa de su marido y gozó con el comentario de Nick.

—Sí, supongo que es una especie de anomalía, y es muy bueno en lo que hace. En todo caso, el equipo lo es todo. Y por más buenos que sean sus equipos, muy pocos de sus muchachos ha jugado en las ligas mayores, porque,

francamente, no son tan talentosos. Ganan porque juegan baloncesto en equipo y esto les permite derrotar a contrincantes más rápidos y mejores.

Nick asintió con la certidumbre del que había perdido muchas veces con St. Jude.

—De vez en cuando, Ken, mi marido, se encuentra con un jugador en su equipo que no se interesa en los resultados. Por lo menos en los resultados del equipo. Recuerdo que hace unos años había un chico que sólo se interesaba por sus propias estadísticas y resultados individuales: que si un equipo de la liga mayor lo llamaba, que si su fotografía aparecía en los periódicos, esa clase de cosas. No perdía el buen humor si derrotaban a su equipo, pero él había anotado puntos. Y a veces estaba triste si ganaba su equipo, pero no había anotado bastantes puntos.

—¿Y cómo reaccionaba tu marido ante esa actitud? —preguntó Jan, curiosa.

Kathryn sonrió, deseosa de contarles más de Ken.

—Esto es lo interesante. Ese chico era sin duda uno de los más talentosos del equipo. Pero Ken le dejaba en el banquillo. El equipo jugaba mejor sin él, y finalmente abandonó el equipo.

—Duro —observó JR.

—Sí, pero el año siguiente regresó con una actitud muy diferente y terminó jugando en el Saint Mary después de graduarse. Ahora él os diría que aquél fue el año más importante de su vida.

Jan no terminaba de satisfacer su curiosidad.

—¿Crees que la mayoría de la gente como ésa puede cambiar?

—No —contestó Kathryn sin vacilar—. Por cada chico como ése hay diez que nunca cambian.

El grupo pareció tranquilizarse con esa respuesta definitiva, y más de uno estaba pensando en Mikey.

—Y por más duro que parezca, Ken siempre dice que su trabajo es crear el mejor equipo posible y no proteger la

carrera de atletas individuales. Y yo también considero de esa manera mi trabajo.

Jeff decidió hacer una pregunta al grupo.

—¿Alguien ha practicado deporte en equipo en la secundaria o en la universidad?

Kathryn hubiera deseado frenar la encuesta de Jeff y mantener la discusión en la dirección que había planificado. Pero decidió que algo de improvisación no venía mal, siempre que se relacionara con el trabajo en equipo, por supuesto.

Jeff recorrió la habitación con la mirada, dando a cada uno la oportunidad de responder a su pregunta.

Nick informó que había jugado baloncesto en la universidad. Carlos había sido defensa en la secundaria.

—Yo jugaba fútbol, en la versión original —anunció orgullosamente Martin.

Los demás sonrieron a su colega europeo.

Mikey dijo que practicó atletismo en la secundaria.

—Pero eso es una actividad individual —la interrumpió Nick.

—Corría en el equipo de relevos —precisó ella enseguida.

Kathryn les recordó que fue jugadora de voleibol.

Jan informó que había sido animadora y miembro del equipo de danza.

—Y si alguien se atreve a decir que esos no son equipos le voy a recortar el presupuesto a la mitad.

Rieron.

Jeff confesó su falta de aptitud atlética.

—Veréis, no sé por qué todo el mundo cree que los deportes son el único modo de aprender a trabajar en equipo. Nunca fui muy deportista, ni siquiera de niño. Pero participé en una banda en la secundaria y en la universidad y creo que la idea que tengo de un equipo viene de allí.

A Kathryn no le pasó desapercibida la oportunidad de retomar el control del debate.

—Ah. Es un buen punto. En primer lugar, es posible aprender a trabajar en equipo en muchísimas actividades, casi en cualquiera que suponga la participación de un grupo de personas que trabajen juntas. Pero hay una razón por la cual los deportes son importantes cuando se habla de equipos.

Estaba emergiendo la profesora de primero de secundaria, que quería dar a sus alumnos la oportunidad de contestar por su cuenta la pregunta siguiente;

—¿Sabe alguien por qué?

Como tantas veces en sus clases, el grupo parecía no tener ninguna pista. Pero Kathryn sabía que si podía tolerar un momento el silencio, de pronto alguien aparecería con la respuesta. Esta vez fue Martin.

—El marcador, los resultados.

Como siempre, Martin daba respuestas sin mucho contexto.

—Explícate —le pidió Kathryn, tal como habría hecho con uno de sus alumnos.

—Bueno, en la mayoría de los deportes hay un marcador al final del juego, que indica si has ganado o perdido. No hay espacio para la ambigüedad, lo que quiere decir que no hay espacio para... —Hizo una pausa para hallar las palabras—. Para asuntos subjetivos, interpretativos, éxitos movidos por el ego.

Varios asintieron con la cabeza para indicar que habían entendido.

—Pero un momento —dijo JR—. ¿Me vas a decir que los deportistas no tienen egos?

Martin parecía confundido, y Kathryn intervino.

—Tienen un ego enorme. Pero el ego de los grandes atletas suele estar vinculado a un resultado muy claro: ganar. Sólo quieren ganar. Más que participar en la liga mayor, más que ver su fotografía en la prensa y, sí, más que ganar dinero.

—No estoy seguro de que ahora haya muchos equipos

así, por lo menos en los deportes profesionales —comentó Nick.

—Y ahí está la gracia —comentó Kathryn, sonriendo—. Los equipos que funcionan así tienen una ventaja mayor que nunca porque la mayoría de sus competidores son sólo una banda de individuos que sólo consideran sus propios intereses.

Mikey parecía un poco aburrida.

—¿Y qué relación tiene todo esto con una compañía informática?

Mikey volvía a llevar la conversación a un punto muerto. Pero Kathryn deseaba alentarla todo lo posible, aunque ya empezaba a dudar que pudiera cambiar su actitud.

—Otra buena pregunta. Esto tiene una gran relación con nosotros. Veréis, vamos a convertir nuestros resultados colectivos en algo tan importante como el marcador final de un partido de fútbol. No dejaremos espacio alguno para interpretaciones cuando se trate de nuestro éxito, porque eso sólo da ocasión para que se infiltre el ego individual.

—¿Pero acaso ya no tenemos un indicador de resultados? —insistió Mikey.

—¿Te refieres a las ganancias?

Mikey asintió y en la cara se le dibujó una expresión como diciendo «¡Pues claro!»

Kathryn continuó, armándose de paciencia.

—Los beneficios, por cierto, son una parte importante. Pero me estoy refiriendo a resultados a corto plazo. Si dejáis que los beneficios sean la única guía de los resultados, no sabréis cómo lo está haciendo el equipo hasta que la temporada esté a punto de terminar.

—Ahora soy yo el confundido —confesó Carlos—. ¿Acaso los beneficios no son lo único que importa?

Kathryn sonreía.

—Sí, me estoy volviendo un poco académica. Así que

lo haré más sencillo. Nuestro trabajo es que los resultados que necesitamos lograr sean tan claros para todos los presentes que ninguno considere nunca hacer algo sólo para potenciar su estatus individual o su ego. Porque eso disminuiría nuestra capacidad para lograr metas colectivas. Y todos perderíamos.

Parecía que las cosas empezaban a comprenderse, así que Kathryn insistió.

—La clave, por cierto, es definir nuestras metas, nuestros resultados, de un modo lo bastante sencillo para que se comprendan con facilidad y suficientemente específico para que se puedan convertir en acciones. Los beneficios no son un asunto convertible en acciones. Hace falta que se vinculen más estrechamente con lo que hacemos día a día. Y por esto veamos si nos podemos plantear algo ahora mismo.

Metas

Kathryn dividió el grupo en subgrupos de dos o tres personas y pidió a cada uno que propusiera una lista de categorías de resultados que pudieran servir como el marcador del equipo.

—No cuantifiquéis nada todavía; sólo cread categorías.

Al cabo de una hora, el grupo había generado más de quince clases diferentes de categorías de resultados. Combinando algunas y eliminando otras, las limitaron a siete: ingresos, gastos, adquisición de nuevos clientes, satisfacción actual de los clientes, retención de empleados, conocimiento del mercado y calidad del producto. También decidieron que había que medir todo esto mensualmente, porque esperar un trimestre completo para precisar los resultados no les daba oportunidades suficientes para detectar los problemas y alterar de manera eficaz las actividades.

Desgraciadamente, ahora que la discusión giraba en torno a asuntos de empresa, algo de la ligereza del ambiente empezaba a desaparecer. Y, como de costumbre, era reemplazada por la crítica.

—Lo siento —empezó Martin—, pero esto no es nada nuevo, Kathryn. Son casi las mismas mediciones que hemos estado empleando los últimos nueve meses.

Parecía que parte de la credibilidad de Kathryn disminuyera ante sus ojos. Y JR empeoró las cosas.

—Y nada de esto nos ayudó a aumentar los ingresos.

Francamente, no estoy seguro de que nada de esto importe si no conseguimos cerrar pronto un par de negocios.

A Kathryn casi le divertía lo predecible que estaba resultando todo. Tan pronto como la realidad de los problemas de negocios volvía a introducirse en una situación como ésta, la gente volvía precisamente a las conductas que la habían llevado a la difícil situación en que estaban. Pero estaba preparada.

—Muy bien, Martin. ¿Me puedes decir cuál era nuestro conocimiento del mercado en el trimestre pasado?

Mikey corrigió a su jefa.

—Lo llamamos actividad de relaciones públicas.

—De acuerdo, está bien —dijo Kathryn, y se volvió hacia Martin—. ¿Me puedes decir exactamente cuál era nuestra meta de RP?

—No. Pero estoy seguro de que Mikey podrá decirlo. Pero yo puedo decirte cuáles son las fechas de nuestro desarrollo de producto.

—Muy bien. ¿Me puedes decir entonces cómo nos fue en términos de actividad de relaciones públicas?

Dirigió la pregunta a Martin otra vez, dejando en claro que debía conocer la respuesta.

Martin parecía perplejo.

—Diablos, no sé. Supongo que Jeff y Mikey hablan de esos asuntos. Pero también supongo que no nos fue muy bien en vista de la cifra de ventas.

Mikey estaba sumamente tranquila, lo que hizo que sus siguientes observaciones fueran aún más desagradables.

—Escuchad, he asistido a las reuniones todas las semanas con mis cifras de RP, pero nadie me ha preguntado por ellas. Y además no puedo conseguir que la prensa nos preste atención si no vendemos nada.

Aunque JR debería haberse molestado más que nadie por esa observación, Martin tenía que contestar. Y lo hizo sarcásticamente.

—Esto sí que es curioso. Siempre he creído que la función del marketing era impulsar las ventas. Imagino que estoy atrasado.

Como si no hubiera escuchado el comentario de Martin, Mikey continuó defendiéndose.

—Os puedo asegurar que los problemas que tenemos no se deben al marketing. De hecho, me parece que mi departamento lo ha hecho muy bien en vista de lo que teníamos para trabajar.

Carlos quería decir *pero tu departamento no puede estar haciéndolo bien porque la compañía está fracasando y si la compañía está fracasando entonces todos estamos fracasando y no hay manera de que podamos justificar el desempeño de nuestros departamentos...* Pero no quería presionar más a Mikey, sentía que su colega podía quebrarse bajo la presión, así que prefirió callar.

Kathryn estaba tan frustrada como todos en ese momento, pero estaba segura de que una muy necesaria pelea iba a producirse. Sin embargo, la conversación se interrumpió. Y cesó.

Así que las cosas funcionan de este modo, pensó.

Tejidos profundos

Kathryn estaba decidida a no dejar que se perdiera el impulso.

—Me parece que veo el problema de fondo.

Jeff sonrió y respondió con sarcasmo, pero de buen modo.

—¿De veras?

Kathryn rió.

—¿Soy observadora, eh? En todo caso, cuando hablo de centrarse en los resultados en lugar de en el reconocimiento individual, hablo de que cada uno adopte un conjunto de metas comunes y de medidas y de que las use para tomar decisiones colectivas diariamente.

Viendo que no iban a aceptar con facilidad este punto evidente, Kathryn decidió formular unas cuantas preguntas.

—¿Cuántas veces habéis hablado de desplazar recursos de un departamento a otro a mediados del trimestre para tener la seguridad de que podíais cumplir el objetivo que estaba en peligro?

En los rostros se podía leer: *nunca*.

—¿Y cuán disciplinados erais en las reuniones analizando las metas en detalle y examinando por qué se iban o no se iban a cumplir?

Ya sabía la respuesta.

—Tengo que decir —explicó Jeff— que yo consideraba que el trabajo de Mikey era el marketing, el de Martin el desarrollo de productos y el de JR vender. Participaba cada vez que podía, pero en general dejaba que cada uno

fuera responsable de su propia área. Y hablaba personalmente con ellos cada vez que podía.

Kathryn volvió a usar la analogía del deporte, esperando que esta vez la entendieran.

—De acuerdo, imaginad un entrenador de baloncesto en el vestuario durante el descanso. Llama al pívot para conversar con él personalmente sobre lo ocurrido en la primera mitad del partido. Después hace lo mismo con cada uno de los jugadores sin que ninguno se entere de lo que habló con el otro. Eso no es un equipo. Es una colección de individuos.

Y quedó claro para todos que eso era, precisamente, el personal directivo de DecisionTech.

Kathryn sonreía incrédula, como si se dijera *no puedo creer que tenga que decirles esto*. Y continuó armada de paciencia:

—Todos vosotros, cada uno de vosotros, sois responsables de las ventas. No solo JR. Todos sois responsables del marketing. No solo Mikey. Todos sois responsables del desarrollo de productos, del servicio al cliente y de las finanzas. ¿Está claro?

Enfrentados a la sencillez y verdad de los argumentos de Kathryn, y a sus evidentes carencias como grupo, toda ilusión de unidad que pudiera haber sobrevivido a ese día y medio parecía haber desaparecido.

Nick sacudió la cabeza y finalmente habló como si ya no pudiera contenerse.

—Me pregunto si tenemos la gente adecuada en esta mesa. Quizá necesitamos más pesos pesados que nos consigan los clientes adecuados y desarrollen los acuerdos estratégicos necesarios.

A JR no le gustó para nada el ataque a las ventas. Pero, como siempre, no dijo nada. Pero Kathryn lo hizo.

—¿Habéis visto las páginas web de la competencia?

Algunos asintieron, sin saber hacia dónde apuntaba Kathryn.

—¿Conocéis el historial de las personas que dirigen esas empresas?

Expresión de desconcierto en los rostros.

—Exacto. No tienen pesos pesados en sus equipos. ¿Y por qué creéis que están progresando más que vosotros?

Jeff dio una explicación sin entusiasmo.

—Bueno, Wine Vineyard estableció un acuerdo con Hewlett-Packard desde el principio. Y Telecart obtiene la mayor parte de sus ingresos de servicios profesionales.

Kathryn no parecía convencida.

—¿Y? ¿Qué os impide formar una sociedad o ajustar vuestro plan de negocios como ellos?

Jan alzó la mano para hablar, pero no esperó a que Kathryn la autorizara.

—No lo tomes a mal, Kathryn. ¿Pero no podrías empezar a decir *nosotros* en lugar de *vosotros*? Tú eres la directora general y ahora formas parte de nuestro equipo.

Reinó el silencio, todos esperaban ver cuál iba a ser la reacción de Kathryn ante el comentario. Bajó la vista, como si tratara de decidir qué responder, y volvió a mirarles a la cara.

—Tienes razón, Jan. No soy una consultora. Gracias por recordármelo. Es que quizá todavía no me siento parte del grupo.

—No eres la única.

La respuesta de Jan cogió a todos por sorpresa.

—¿Qué quieres decir con eso? —preguntó Nick.

—Bueno, no sé qué pensáis vosotros, muchachos, pero yo no me siento conectada con lo que sucede fuera de las finanzas. Algunas veces me siento como una consultora. En otras compañías donde he trabajado siempre estuve más comprometida con las ventas y las operaciones, pero aquí me siento aislada en mi propia área.

Carlos estaba de acuerdo con ella.

—Sí, en realidad parece que no tengamos las mismas

metas durante las reuniones. Casi da la impresión de que estemos luchando por más recursos para nuestros departamentos o tratando de no comprometernos en nada que sea distinto a nuestra propia área.

Era difícil oponerse a la lógica de Carlos. Y continuó:

—Me consideráis un encanto porque siempre me ofrezco para los trabajos que nadie desea hacer; pero es lo que hace la gente en la mayoría de las compañías donde he trabajado.

Kathryn se sentía aliviada. Algunas personas del equipo se estaban abriendo. Por eso la desconcertó tanto la reacción que provocó su siguiente observación.

—La lucha por el poder que hay aquí es pasmosa y proviene de que todo el mundo es muy poco preciso sobre lo que queremos hacer y esto facilita que la atención se centre en el éxito individual.

Nick ahora fruncía el ceño.

—Un momento, por favor. Acepto que no seamos el más saludable grupo de directivos del Valle, ¿pero no crees que vas demasiado lejos al decir que esto es una cuestión de lucha por el poder?

—No. Me parece que éste es uno de los grupos donde hay más lucha por el poder que he conocido.

Tan pronto dijo estas palabras, Kathryn se dio cuenta que podría haber sido más delicada. De inmediato advirtió que la gente se estaba agrupando para defenderse de esa crítica tan dura. Hasta el mismo Jeff tomó partido.

—No sé, Kathryn. Quizá se deba a que no has trabajado en empresas dedicadas a la informática. He trabajado en algunas compañías en las que había luchas por el poder y no me parecieron tan mal.

Kathryn deseaba contestar, pero prefirió que los otros acabaran de hablar antes.

—Creo que estamos por encima del promedio —dijo Nick—, según he podido comprobar escuchando a otros ejecutivos. Recuerda que este mercado es muy duro.

Mikey, que olía sangre en el agua, intervino entonces.

—Estoy de acuerdo. Quiero decir, que te has unido a la compañía en un momento difícil y me parece muy poco prudente que hagas esos comentarios a las pocas semanas de conocernos.

Aunque sus colegas no compartían la dureza de la observación, Mikey sabía que no la iban a contradecir y así arriesgarse a perder la oportunidad de ganar terreno ante el nuevo jefe.

Kathryn esperó a que terminaran todos los comentarios y sólo entonces respondió.

—En primer lugar, siento que mi comentario pareciera precipitado. Tenéis razón, no he trabajado en empresas de alta tecnología y por eso mis puntos de referencias pueden estar un tanto descaminados.

Dejó que esta disculpa calara en el ánimo antes de continuar, asegurándose de no comenzar la frase siguiente con un *pero*.

—Y por cierto no quiero parecer condescendiente con vosotros: eso no nos ayudaría a llegar adonde necesitamos llegar.

Kathryn observó que algunos miembros del equipo —Jan, Carlos y Jeff— captaron la sinceridad de su comentario. Continuó:

—Al mismo tiempo, no quiero quitar importancia a la peligrosa situación en que estamos. Tenemos grandes problemas y he observado este grupo lo suficiente para advertir que en él predominan las luchas de poder.

Kathryn reconoció con tacto las preocupaciones de su gente, pero sabía manejarlas para no retroceder.

—Y, francamente, prefiero exagerar los problemas antes que restarles importancia. Pero lo hago solamente por el bien del equipo, no para mi propia satisfacción. Esto os lo puedo asegurar.

La conducta coherente que había exhibido en el último día y medio y la confianza con que expresaba sus opi-

niones hicieron que la mayoría de sus subordinados parecieran convencidos de su sinceridad.

Nick fruncía el ceño, pero Kathryn no pudo saber si por molestia o confusión.

—Quizá nos deberías decir qué entiendes exactamente por luchas de poder.

Kathryn reflexionó un momento y después respondió como si recitara de memoria un libro.

—El juego político, o la lucha por el poder, sucede cuando la gente escoge sus palabras en función de cómo desea que reaccionen los demás y no según lo que verdaderamente piensa.

Silencio absoluto.

Martin, tan serio como siempre, rompió la tensión.

—De acuerdo, nos gustan los juegos de poder.

Aunque Martin no pretendía resultar gracioso, Jan y Carlos se rieron. Jeff sonrió y asintió con la cabeza.

Por más convincentes que fueran sus argumentos, Kathryn notaba que los miembros del grupo todavía trataban de decidir si aceptar sus ideas o atacarlas. Era evidente que el próximo movimiento iba a ser un ataque.

Ataque

Para sorpresa de Kathryn, fue JR quien la desafió, y de manera no muy agradable.

—Supongo que no nos harás esperar tres semanas para averiguar cuáles son las otras disfunciones, ¿verdad? ¿No nos puedes decir cuáles son para que podamos ver lo que no está funcionando y solucionarlo?

Tomado al pie de la letra, el comentario podía parecer inofensivo. Incluso hubiera podido ser un elogio si JR lo hubiera dicho movido por genuina curiosidad. Pero en ese instante, por el tono de la pregunta y la naturaleza habitualmente apacible de JR, resultaba el comentario más duro de todos los hechos hasta entonces.

Si Kathryn hubiera sido una ejecutiva menos segura, se habría molestado por esa observación. Y por un momento casi le decepcionó que la buena voluntad que creía estar generando se hubiera disipado tan rápido. Pero advirtió enseguida que era eso lo que necesitaba precisamente para provocar un cambio verdadero en el grupo: una resistencia honesta.

Aunque había pensado apegarse a su plan y revelar gradualmente su sencillo modelo, Kathryn decidió responder la pregunta de JR.

—No hay problema. Pasemos ahora mismo a las otras tres disfunciones.

Exposición

Kathryn se colocó junto al tablero pero, antes de llenar la segunda casilla inferior, formuló una pregunta al grupo:

—¿Por qué creéis que la confianza es importante? ¿Cuál es la desventaja de un grupo en el que sus miembros no confían entre sí?

Tras unos segundos de silencio Jan intentó ayudar a Kathryn.

—Surgen problemas de moral. Ineficacia.

—Lo que dices es demasiado general. Busco una razón muy específica por la que la confianza es necesaria.

Nadie parecía dispuesto a dar una respuesta, así que Kathryn se respondió a sí misma. Encima de *Ausencia de confianza* escribió *Temor al conflicto*.

Si no confiamos uno en el otro, nunca entablaremos conflictos ideológicos abiertos y constructivos. Y seguiremos fomentando una sensación de armonía artificial.

—Pero parece que tenemos muchos conflictos entre nosotros —intervino Nick—. Y diría que la armonía casi brilla por su ausencia.

Kathryn negó con la cabeza.

—No. Hay tensiones. Pero casi no hay un solo conflicto constructivo. No estoy hablando de esa clase de conflictos que son los comentarios pasivos y sarcásticos.

—Pero, ¿por qué es un problema la armonía? —preguntó Carlos.

—El problema es la falta de conflicto. La armonía es buena, supongo, si resulta de trabajar los problemas cons-

tantemente y de resolver conflictos. Pero si sólo proviene de que la gente oculta sus opiniones e inquietudes, entonces es un mal asunto. Prefiero cambiar esa falsa armonía por la disposición de un equipo a discutir efectivamente acerca de un problema y así poder salir de él sin daños colaterales.

Carlos aceptó estas palabras. Y Kathryn aprovechó la ocasión.

—Después de observar algunas de vuestras reuniones, puedo afirmar con bastante seguridad que sabéis discutir muy bien. A veces emergen vuestras frustraciones bajo la forma de comentarios sutiles, pero muy a menudo eso no sucede, permanecen frenadas y se mantienen. ¿Tengo razón?

En vez de contestar esa pregunta casi retórica, Martin la invitó a continuar, dándole así no poca satisfacción.

—Digamos entonces que vamos a discutir más. No veo cómo esto nos va a volver más eficaces. En cualquier caso, nos va a ocupar bastante más tiempo.

Mikey y JR asintieron. Kathryn estaba lista para hacerse cargo, pero Jan se le adelantó.

—¿No creéis que estamos perdiendo tiempo por no sacar fuera las cosas? —dijo Jan—. ¿Cuánto tiempo llevamos hablando de entregar a terceros algunas funciones? Creo que esto se plantea en cada reunión, y la mitad de nosotros está de acuerdo y la otra no, y así quedamos inmovilizados porque nadie quiere imponerse al otro.

Carlos agregó entonces, con una convicción que pocas veces mostraba:

—¡Y eso es lo que nos tiene a todos paralizados!

Martin estaba más y más convencido y deseaba conocer el resto del modelo.

—De acuerdo, ¿y cuál es el próximo paso?

Kathryn no iba a conseguir de Martin nada que se acercara más a una aceptación. Volvió a acercarse al tablero.

—La siguiente disfunción de un equipo es la *Falta de compromiso* y la incapacidad de tomar decisiones.

Escribió la disfunción encima de las anteriores.

—Y la manifestación obvia de ésta es la *Ambigüedad*.

Y escribió la palabra junto a las anteriores.

Nick volvió a la carga.

—¿Compromiso? Me recuerda algo que mi mujer me decía antes del matrimonio.

El grupo apenas sonrió por ese chiste mediocre.

Kathryn estaba lista para enfrentarse a esa reacción.

—Estoy hablando de comprometerse con un plan o una decisión y de lograr que todo el mundo haga lo mismo. Por eso es tan importante el conflicto.

Por más inteligente que fuera, Martin no temía confesar su confusión.

—Creo que no comprendo.

—Es tan sencillo como esto —explicó Kathryn—. Ninguna persona se sube al barco cuando no expone sus opiniones ni siente que se la ha escuchado.

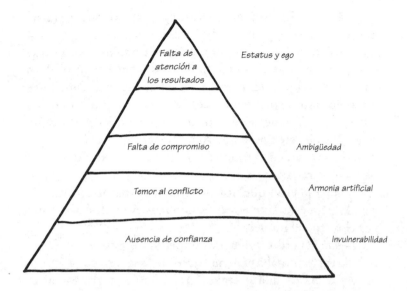

—Lo hace si uno la hace subir —contraatacó Nick—. Imagino que tu marido no permite que los jugadores voten si van a jugar así o de otro modo.

Kathryn agradeció este tipo de desafío.

—No, no lo hace. Pero permite que lo discutan si creen que deben actuar de otro modo. Y si él no está de acuerdo, lo que suele suceder, les explica por qué y les ordena jugar.

—Así que no se trata de un consenso.

La afirmación de Jan era en realidad una pregunta.

—Por supuesto que no —insistió Kathryn, que otra vez parecía una profesora de colegio—. El consenso es fatal. Quiero decir que si todo el mundo está de acuerdo en algo y el consenso brota rápido y naturalmente, esto es magnífico. Pero las cosas no suelen darse así y el consenso suele transformarse en un esfuerzo por agradar a todos.

—Lo que lleva por lo general a desagradar a todos —dijo Jeff, con expresión de pena, como si estuviera liberándose de un mal recuerdo.

—Exactamente. El punto es que la gente más razonable no siempre consigue lo que quiere en una discusión. Sólo necesita ser oída y saber que su aportación ha sido considerada y contestada.

—¿Y entonces dónde entra en juego la falta de compromiso? —quiso saber Nick.

—Bueno, a algunos equipos los paraliza la necesidad de estar todos de acuerdo y su incapacidad para superar el debate.

—Estar en desacuerdo y comprometerse —dijo JR.

—¿Perdón? —dijo Kathryn que quería que se explicara.

—Sí, en mi empresa anterior llamábamos a esto «estar en desacuerdo y comprometerse». Puedes discutir algo y estar en desacuerdo, pero comprometerte si todo el mundo decide ponerlo en práctica.

Esto recordó algo a Jeff.

—De acuerdo, ya veo dónde entra en juego el conflicto. Aunque la gente por lo general está dispuesta a comprometerse, no lo hace porque...

—Porque necesitan sopesar las cosas antes de aceptarlas —le interrumpió Carlos.

Todos parecían comprender esto.

—¿Cuál es la última disfunción?

Todos se sorprendieron porque fuera Mikey la que preguntó. Y en realidad parecía interesada en la respuesta.

Kathryn fue otra vez al tablero para llenar la última casilla. Antes de que lo hiciera, Martin encendió el ordenador y empezó a escribir. Todo el mundo se inmovilizó. Kathryn se interrumpió y miró a su jefe de tecnología, que parecía ignorar que hubiera alguna tensión en la sala. Pero de pronto advirtió el problema.

—Oh, no, en realidad estoy tomando notas sobre esto. Mirad —dijo y trataba de mostrar a todos el documento que había creado en la pantalla.

A todos divirtió la ansiedad de Martin por explicar su

comportamiento y no querer violar las normas del equipo. Kathryn se reía, complacida por el entusiasmo de su ingeniero y por todo lo que estaba ocurriendo.

—Está bien. Te creemos. Por esta vez lo dejo pasar.

Kathryn miró el reloj y se dio cuenta de que el grupo no había tomado un descanso desde hacía varias horas.

—Es tarde. Hagamos una pausa de media hora. Aunque lo habrían negado si se lo hubieran preguntado, Kathryn estaba segura de que en los rostros de todos había cierta desilusión. JR fue capaz de admitirlo.

—Continuemos hasta el final —dijo, y agregó, en tono humorístico— No creo que ninguno de nosotros se vaya a relajar si no sabe qué es.

Por más irónico que pudiera parecer el comentario, oculto bajo el humor había un sutil pero indudable reconocimiento. Que reconociera la dureza de su afirmación anterior o la validez de lo que explicaba Kathryn no parecía tan importante como el tono del comentario mismo.

Kathryn estaba encantada de poder continuar. Fue al tablero por última vez y escribió *Evitación de responsabilidades*.

—Una vez que logramos claridad y aceptamos el asunto —explicó—, debemos responsabilizarnos cada uno de lo que aceptamos hacer, obligarnos unos a otros a altos estándares de rendimiento y conducta. Y aunque esto parece muy sencillo, la mayor parte de los ejecutivos detesta hacerlo, especialmente cuando se trata de la conducta de sus compañeros, pues prefieren evitar conflictos personales.

—¿Qué significa exactamente eso? —preguntó Jeff.

—Me refiero a ese momento cuando sabes que tienes que llamar la atención a uno de tus compañeros sobre algo importante, y prefieres dejarlo pasar porque no quieres experimentar esa sensación cuando...

Hizo una pausa, y Martin terminó la frase por ella:

—Cuando debes decir a alguien que no encienda su ordenador en las reuniones.

—Exacto —confirmó Kathryn, satisfecha.

—No soporto esto —agregó Carlos—. No quiero tener que decir a alguien que su rendimiento deja que desear. Preferiría tolerarlo y evitar la...

Trataba de hallar la expresión adecuada.

—El conflicto —dijo Jan por él.

—Sí —aceptó Carlos—. Creo que es eso. —Pensó un momento y luego continuó—: Pero es complicado. No me cuesta tanto decir lo que pienso a mis superiores inmediatos. Me parece que los considero responsables todo el tiempo, aunque se trate de un asunto difícil.

A Kathryn le gustó mucho esa observación.

—Correcto. A veces es complicado arriesgarse ante los superiores inmediatos y comunicarles un asunto difícil; pero es más complicado todavía con los compañeros.

—¿Y por qué? —preguntó Jeff.

Antes que Kathryn pudiera responder, intervino Nick:

—Porque se supone que somos iguales. ¿Y quién soy yo para decir a Martin que haga su trabajo o a Mikey o a Jan? Siento que me estoy entrometiendo si hago eso.

—La igualdad entre los compañeros —explicó Ka-

thryn— es sin duda uno de los problemas que complica el tema de la responsabilidad. Pero hay más.

Nadie parecía tener una pista, y Kathryn estaba lista para responder. Pero a Mikey se le iluminó la cara como quien ha resuelto un puzzle.

—No aceptar.

—¿Qué? —preguntó Nick.

—No aceptar. La gente no se va a responsabilizar mutuamente si no ha aceptado claramente un mismo plan. Si no lo hace, sólo dirán «en todo caso, nunca estuve de acuerdo con eso».

Kathryn estaba completamente sorprendida por su improbable alumna estrella. Y como si eso no fuera bastante, Mikey continuó:

—Esto realmente tiene sentido.

Todo el mundo se miraba como diciendo, *¿has oído lo mismo que yo?*

Kathryn aprovechó para conceder el último descanso del día.

Cine negro

A pesar de que Kathryn había construido o reparado equipos muchas veces, nunca se acostumbraba a los inevitables flujos y reflujos. «¿Por qué no podemos progresar sin pausa?», se preguntaba. En teoría, ya con Mikey y Martin al parecer a bordo, debería ser relativamente fácil que funcionara el equipo. Pero Kathryn sabía que la teoría no suele ir de acuerdo con la realidad; todavía quedaba mucho camino por delante. Dos años de conductas inapropiadas son algo difícil de vencer. Y una conferencia, por más atractiva que fuera, no lo iba a conseguir. Aún faltaban las medidas dolorosas.

Faltaban pocas horas para que concluyeran las primeras jornadas y Kathryn estaba tentada de terminar la sesión y enviarlos a todos al trabajo con una sensación positiva. Pero eso significaba desperdiciar dos horas críticas, pensaba. Necesitaba hacer el mayor progreso posible, y pronto, para asegurarse de que el consejo de administración no cayera en la tentación de interrumpir sus esfuerzos.

Cuando el grupo regresó del descanso, Kathryn decidió presentar un tema relativamente entretenido, relacionado con el conflicto, uno que mantuviera el interés durante el resto del día.

—Conversemos un poco más acerca del conflicto.

Sintió que el ánimo del grupo disminuía un poco ante la perspectiva de un tema tan delicado. Pero en realidad Kathryn esperaba que así fuera.

—Que alguien me diga cuál es el terreno más importante de conflicto.

—¿Las reuniones? —arriesgó Nick.

—Sí. Las reuniones. Estamos mal si no somos capaces de aprender a resolver conflictos productivos e ideológicos en las reuniones.

Jan sonreía.

—No bromeo cuando digo esto. Nuestra capacidad para entregarnos a un debate apasionado y sin frenos acerca de lo que queremos hacer para tener éxito va a determinar nuestro futuro tanto como cualquier producto que desarrollemos o sociedad que aceptemos.

La tarde declinaba y Kathryn advirtió que su equipo se sumía en un estado de sopor producido por la comida. Parecía que no captaban sus palabras y estaba obligada a que esto resultara interesante si quería que sirviera.

—¿Cuántos irían a una reunión en vez de al cine?

Nadie alzó la mano.

—¿Por qué no?

Tras una pausa, Jeff se dio cuenta de que la pregunta no era retórica.

—Porque las películas son más interesantes. Incluso las malas.

Los demás rieron en voz baja.

—Correcto —dijo Kathryn, que sonreía—. Pero si pensáis bien en ello, las reuniones deberían ser tan interesantes como las películas. Mi hijo Will estudió cine y me enseñó que hay mucho en común entre las reuniones y las películas.

El grupo parecía más dubitativo que intrigado, pero Kathryn contaba con su interés por lo menos.

—Miradlo de esta manera. Una película dura entre noventa minutos y dos horas. Las reuniones de la cúpula directiva duran lo mismo.

Todos asintieron, educadamente.

—Y sin embargo las reuniones son interactivas y las

películas no. No podemos gritar a un actor que no sea idiota y no entre a la casa.

Casi todo el grupo rió. «¿Empezaré a resultarles simpática?», se preguntó Kathryn, que por un momento, cosa extraña, se sintió insegura. Continuó:

—Y más importante: las películas no tienen un impacto verdadero en nuestra vida. No exigen que actuemos de cierta manera según el resultado de la historia. Pero las reuniones son a un tiempo interactivas y relevantes. Decimos lo que decimos y el resultado de una discusión determinada suele tener un verdadero impacto en nuestra vida. ¿Por qué recelamos entonces de las reuniones?

Nadie respondió. Kathryn les aguijoneó entonces:

—Vamos, ¿por qué no las soportamos?

—Son aburridas —dijo Mikey, que pareció disfrutar de su respuesta más de lo que debía.

—Correcto. Son aburridas. Y sólo tenemos que compararlas con las películas para entender por qué.

El grupo empezaba a mostrar interés otra vez.

—Se trate de una película de acción, de un drama, una comedia o de una película de arte y ensayo francesa, todos los filmes deben poseer un ingrediente clave. ¿Cuál es ese ingrediente?

—Bueno, ya que hablamos de conflictos, supongo que será eso —respondió Martin, en tono seco.

—Sí, supongo que estaba insinuando eso, ¿verdad? Toda gran película posee un conflicto. Si no lo hay, sencillamente no nos importa qué le ocurre a los personajes.

Kathryn se interrumpió un momento, para aumentar el efecto de lo que iba a decir a continuación.

—Os quiero asegurar que desde ahora en adelante toda reunión de personal estará llena de conflictos. Y no serán aburridas. Y si no hay nada que discutir no habrá reunión.

La afirmación pareció gustar al grupo y Kathryn quiso cumplir la promesa de inmediato.

—Y vamos a empezar ahora mismo —dijo y miró la hora—. Tenemos casi dos horas, así que creo que tendremos nuestra primera reunión para tomar decisiones importantes como grupo.

Nick la miraba muy serio y planteó sus objeciones.

—Kathryn, no estoy seguro de que pueda participar.

La intervención de Nick cogió al grupo por sorpresa, todos esperaban una explicación.

—Nadie me ha dado el programa de la reunión.

Todos rieron, incluso Jeff, ante la simpática broma del ex director general.

Aplicaciones

Kathryn no perdió el tiempo.

—Muy bien, ésta es la propuesta. Antes de terminar este encuentro vamos a establecer lo que llamo una meta global para el resto del año. No hay ninguna razón para que no podamos hacerlo ahora, aquí, hoy. Que alguien se arriesgue.

—¿Qué quieres decir exactamente —preguntó Jan—. ¿Un tema?

—Sí. Necesitamos contestar esta pregunta: si hacemos algo entre este momento y el fin de año, ¿qué será?

—Cuota de mercado —respondieron Nick y JR al unísono.

Todos asintieron, menos Martin y Jan. Kathryn lo notó.

—Vosotros dos no parecéis convencidos. ¿En qué pensáis?

—Creo que el tema es la mejora del producto —explicó Martin.

—Y no estoy segura que el control de costes no sea nuestra primera prioridad —agregó Jan.

Kathryn resistió la tentación de contestar ella misma esas sugerencias.

—Que alguien dé una respuesta.

—De acuerdo. Creo que nuestra tecnología es tan buena o mejor que la de nuestros competidores —indicó JR—. Pero en general lo están haciendo mejor que nosotros. Si quedamos muy atrás en términos de cuota de mercado, de nada nos servirá mejorar los productos.

Martin apenas frunció el ceño.

—Si esa es la situación, imagina qué sucederá si retrocedemos en productos.

Hasta Carlos, el pacificador, reaccionó:

—¿No podemos tener más de una meta global?

Kathryn negó con la cabeza.

—Si todo es importante, entonces nada es importante.

No quiso dar más explicaciones, a la espera de que el grupo cayera en la cuenta.

—¿Alguien puede decirme por qué el control de costes no es la meta? —insistió Jan.

—Porque si no hallamos una manera de ganar dinero, controlar los gastos no nos sirve de nada —respondió de inmediato Mikey.

Por más desagradable que fuera el tono de Mikey, no se podía negar la verdad de su afirmación. Hasta Jan lo aceptó.

—Esta es la conversación más productiva que he escuchado desde que estoy aquí —comentó rápidamente Kathryn—. Continuad.

—Y esto bastó para que Jeff reuniera el valor que necesitaba para decir lo que quería. Hizo una mueca, como si no quisiera prolongar la conversación.

—No sé. No estoy seguro que concentrarse en la cuota de mercado sea lo más oportuno en este momento. Ni siquiera sabemos cuál es el tamaño del mercado ni hacia dónde se dirige.

Hizo una pausa mientras pensaba cómo proseguir.

—Me parece que necesitamos mejores clientes. Que tengamos veinte más o veinte menos que la competencia no me parece que importe tanto.

—Pero si eso es cuota de mercado —intervino Mikey.

—No me parece —replicó Jeff, sin defenderse.

Mikey entronó los ojos.

Nick quería evitar que se repitiera el enfrentamiento del día anterior con Mikey.

—Escuchad. No importa si lo llamamos cuota de mercado o clientes. Sólo necesitamos vender.

—A mí me parece que importa —intervino Kathryn—. ¿Qué piensas tú, JR?

—Me parece que Jeff tiene razón. Si conseguimos clientes sólidos, que nos puedan servir de referencia, lo estamos haciendo bien. A estas alturas, francamente, no me importa qué está haciendo la competencia. Eso me parece una distracción más que otra cosa, por lo menos mientras no tome forma nuestro propio mercado.

Ahora Martin parecía molesto.

—Escuchad, esta es la conversación de siempre que tenemos en todas las reuniones. Si no es cuota de mercado en contraposición a ingresos es retención de clientes en contraposición a satisfacción. Todo esto me parece académico.

Kathryn se obligó a permanecer en silencio mientras el grupo digería el comentario de Martin. Entonces preguntó:

—¿Y cómo suelen terminar esas conversaciones?

—Se nos acaba el tiempo, me parece —dijo Martin, encogiéndose de hombros.

—De acuerdo. Concluyamos esta conversación en los próximos cinco minutos. ¿Alguien cree aquí que la clave de los próximos nueve meses se relaciona con cuota de mercado, clientes, ingresos, etcétera? Si alguien cree que es algo inalcanzable que lo diga enseguida y en voz alta.

Todos se miraban unos a otros y se encogían de hombros como diciendo *no se me ocurre nada mejor*.

—Bien. Entonces vamos a concluir el debate. Me gustaría que alguien hiciera una apasionada defensa de los ingresos. ¿Qué te parece, JR?

—Bueno, uno podría argumentar que los ingresos son la respuesta correcta, porque necesitamos dinero en caja. Pero francamente, me parece que eso es mucho menos importante a estas alturas que demostrar al mundo que hay

clientes interesados en nuestros productos. Los ingresos no son tan importantes como cerrar tratos y conseguir nuevos clientes. ¿Tiene sentido todo esto?

Acababa de desechar el tema de los ingresos como solución.

—Para mí tiene sentido —respondió Kathryn, que buscaba claridad—. No oigo a nadie decir que los ingresos sean la meta más importante.

Jan parpadeó y habló enseguida.

—¿Estás diciendo que no necesitamos una meta de ingresos?

—No. Tendremos una meta de ingresos. Pero ahora los ingresos no son el factor decisivo de nuestro éxito. Nos quedan la cuota de mercado y los nuevos clientes. ¿Alguien me puede decir por qué la cuota de mercado es la respuesta correcta? ¿Mikey?

—Los analistas y la prensa definen el éxito según la cuota de mercado. Es tan sencillo como eso.

—No, Mikey —intervino Martin—. Cada vez que me entrevistan en calidad de uno de los fundadores de la compañía, la gente me pregunta por los clientes clave. Quieren nombres importantes en la empresa y gente que esté dispuesta a apostar por nosotros.

Mikey se encogió de hombros. Kathryn la desafió.

—¿Te estás encogiendo de hombros porque no estás de acuerdo y te das por derrotada o porque crees que ha señalado un punto que no puedes contestar?

—Lo segundo —dijo Mikey, después de pensar un momento.

—Está bien. Nos queda la adquisición de clientes. ¿Alguien me puede decir por qué tiene que ser nuestra meta global colectiva?

Esta vez Kathryn no tuvo que nombrar a nadie. Carlos se lanzó al ruedo.

—Porque eso da a la prensa algo de qué hablar. Y da confianza a nuestros empleados. Y da mejor retroalimen-

tación a Martin y a sus ingenieros. Y a nosotros nos dará más referencias para conseguir más clientes el año próximo.

—Sin mencionar la continuidad de ventas —agregó JR.

—Señoras y señores —anunció Kathryn—, a menos que escuche algo extraordinariamente novedoso en los próximos cinco segundos y eso me haga pensar de otra manera, creo que ya tenemos una meta primordial.

Los miembros del cuerpo directivo se miraban unos a otros como preguntándose *¿hemos acordado algo?*

Pero Kathryn no había terminado todavía. Deseaba ser más precisa.

—¿Cuántos clientes nuevos necesitamos?

El grupo parecía cobrar energías debido a la naturaleza tangible de la discusión. Durante treinta minutos debatieron acerca de la cantidad de nuevos clientes que podrían y deberían conseguir.

Jan argumentaba a favor de la mayor cantidad posible, y Nick y Mikey la apoyaban. JR se sentía frustrado y peleaba por menos, deseaba mantener baja la cuota para no desanimar a la gente de ventas. Jeff, Carlos y Martin se mantenían en un término medio.

El debate perdía fuerza y Kathryn decidió intervenir.

—De acuerdo, a menos que alguien se esté guardando algo, me parece que ya hemos escuchado todas las opiniones. Y probablemente no vamos a coincidir completamente, lo que me parece bien, porque esto no es ciencia. Voy a establecer la cantidad de acuerdo a vuestras sugerencias y nos vamos a apegar a esa cantidad.

Hizo una pausa antes de continuar.

—Jan, este año no vamos a cerrar treinta tratos, aunque sé perfectamente que te encantaría registrar esos ingreso en tus libros. Y comprendo, JR, tu deseo de mantener motivada a tu gente, pero diez no es bastante. Nuestros

competidores están haciendo más del doble y los analistas nos van a liquidar si apenas llegamos a diez.

JR parecía no ofrecer resistencia a la lógica de Kathryn. Ella continuó:

—Creo que si conseguimos dieciocho clientes nuevos y por lo menos diez están dispuestos a ser referencias activas, lo estaremos haciendo bien.

Volvió a interrumpirse, para dar tiempo a algún comentario final, pero como nadie abrió la boca, declaró:

—Muy bien, entonces. A treinta y uno de diciembre tendremos dieciocho clientes nuevos.

Nadie podía negar que en veinte minutos el equipo había progresado más que normalmente en todo un mes de reuniones. La hora siguiente la emplearon detallando el tema de los nuevos clientes y discutiendo qué tendría que hacer cada persona, desde marketing a finanzas, para que resultara posible cerrar esos dieciocho tratos.

Quedaban quince minutos para concluir esas primeras jornadas y Kathryn decidió redondear las cosas.

—De acuerdo. Terminemos aquí. La próxima semana tendremos una reunión y podremos ahondar en éstas y otras cuestiones críticas.

El grupo parecía aliviado por haber llegado al final, pero Kathryn aún tenía una pregunta.

—¿Hay algún comentario, pregunta o inquietud que quiera plantear alguien antes de marcharnos?

Nadie quería plantear un tema que pudiera retrasar la partida, pero Nick decidió hacer un comentario.

—Quiero decir que me parece que en estos dos días hemos hecho más progresos que los que creía posibles.

Jan y Carlos asintieron con la cabeza. Mikey, para sorpresa general, no entornó los ojos.

Kathryn no estaba segura si Nick quería quedar bien con ella o si verdaderamente apreciaba lo que había sucedido. Decidió concederle el beneficio de la duda y aceptar el tácito cumplido. Y entonces habló JR.

—Estoy de acuerdo con Nick. Hemos conseguido mucho y la claridad que tenemos ahora sobre nuestras metas nos va a ayudar de verdad.

Kathryn intuyó que a continuación venía una calificación. Y tenía razón.

—Pero me estoy preguntando —continuó JR— si necesitamos continuar con estas jornadas. Quiero decir que hemos avanzado mucho y tendremos que trabajar mucho en los próximos meses para cerrar esos tratos. Quizá podríamos esperar y ver cómo marchan las cosas...

En realidad no terminó de hablar, sino que dejó esas palabras en el aire. Martin, Mikey y Nick asentían no muy convencidos.

Empezaba a disminuir la sensación de triunfo que Kathryn sentía apenas unos segundos antes. Por mucho que deseara terminar de manera tajante con la sugerencia de JR, Kathryn prefirió esperar por si alguien lo hacía por ella. Y cuando ya creía que nadie la iba a ayudar, habló Jeff y demostró así que había asumido verdaderamente muchas de las ideas de Kathryn.

—Tengo que decir que me parece una mala idea cancelar la próxima jornada dentro de quince días. Creo que al volver al trabajo va a ser fácil que caigamos en la misma rutina con que hemos luchado los dos últimos años. Y por más penoso que me haya resultado estar aquí estos dos días y comprobar el poco éxito que he tenido para que nos convirtiéramos en un buen equipo, me doy cuenta de que aún nos falta mucho para lograrlo.

Jan y Carlos asintieron.

Kathryn aprovechó la oportunidad para preparar a su equipo para lo que vendría. Dirigió los primeros comentarios a JR y a Nick.

—Valoro vuestro deseo de ocupar la mayor parte del tiempo cerrando negocios —dijo, y no era completamente sincera, pero quería evitar golpearles demasiado fuerte tan pronto—. Sin embargo, os quiero recordar lo que os dije

ayer al principio de la sesión. Contamos con más dinero en caja, mejor tecnología y ejecutivos con más talento y experiencia que nuestros competidores, pero nos estamos quedando atrás. Nos falta trabajar en equipo y os puedo prometer que mi mayor prioridad como directora general es convertiros, quiero decir, convertirnos, en un grupo más eficaz.

Mikey, Martin y Nick parecían retroceder ahora, pero Kathryn prosiguió:

—Y lo que os diré ahora es más importante que cualquier otro comentario que haya hecho desde que llegamos ayer aquí. —Hizo una pausa para aumentar el efecto—. Durante las próximas dos semanas no voy a tolerar conductas que demuestren ausencia de confianza o que se centren en el ego individual. Voy a alentar el conflicto e impulsar compromisos claros y espero que asumáis vuestras responsabilidades. Voy a señalar cualquier mala conducta cuando la observe y me gustaría que hicierais lo mismo. No tenemos tiempo que perder.

En la sala reinó el silencio.

—Muy bien, regresaremos aquí dentro de dos semanas. Conducid con cuidado. Os veo mañana en la oficina.

Mientras todos recogían sus cosas y luego se dirigían a la puerta, Kathryn deseaba sentirse bien por lo que había logrado. Sin embargo se esforzaba por encarar la posibilidad de que las cosas empeoraran, incluso que empeoraran mucho, antes de mejorar.

Pero la mayoría de los integrantes del cuerpo directivo parecía haber asimilado la perspectiva de pasar por tiempos difíciles. Y a ninguno le habría sorprendido saber que uno de sus colegas ya no estaría presente en la próxima jornada. Les habría producido un gran impacto, no obstante, saber que ese colega no iba a ser Mikey.

TERCERA PARTE

Levantamiento de pesas

In situ

De regreso en la oficina, incluso Kathryn se sorprendió del rápido deterioro del progreso que se había logrado en Napa.

Los pocos destellos de esperanza que emergieron —como que Carlos y Martin tuvieran una reunión conjunta de satisfacción al cliente con su personal— bastaron para que los empleados se preguntaran qué estaba ocurriendo. Pero Kathryn advirtió que era evidente que los miembros del equipo se conducían con cautela entre sí y también con ella.

Por el talante que observaba en los pasillos, Kathryn intuía que el equipo había olvidado por completo esos dos días en Napa. Había poca interacción y casi ninguna señal de disposición a comprometerse unos con otros. Los directivos parecían avergonzados de haberse mostrado tal como eran ante los demás y al parecer fingían que las jornadas en Napa nunca habían ocurrido.

Pero Kathryn había pasado por esto muchas veces. Y si bien se sentía decepcionada porque el grupo no hubiera interiorizado completamente los conceptos de las jornadas, sabía que esa era una típica respuesta inicial. También sabía que el único modo de neutralizarla era sumergirse otra vez en el grupo y lograr que la sangre volviera a fluir. Ignoraba que estaba a punto de tocar una arteria.

Sucedió pocos días después del encuentro, el mismo día en que tendría lugar la primera reunión oficial de Kathryn con el cuerpo directivo.

Nick había convocado una reunión especial para discutir una posible adquisición. Invitó a todo el que se interesara, pero dejó en claro que necesitaba a Kathryn, Martin, JR y Jeff. Jan y Carlos también aparecieron.

Antes de empezar la reunión, Nick preguntó por JR.

—Esta mañana está ausente —dijo Kathryn—. Pero empecemos.

Nick se encogió de hombros y empezó a repartir unas carpetas brillantes a sus colegas.

—La compañía se llama Green Banana.

Todos rieron.

—Lo sé. ¿Dónde consiguen esos nombres? En todo caso, es una empresa de Boston que puede complementarnos o competir con nosotros. Es duro decirlo. Pero en cualquier caso, creo que deberíamos pensar en adquirirla. Necesitan dinero desesperadamente y eso nos sobra por el momento.

Jeff, que se sentía más miembro del consejo de administración que otra cosa, hizo la primera pregunta.

—¿Qué obtenemos a cambio?

Nick, que ya había decidido que el negocio tenía sentido, respondió rápidamente.

—Clientes, empleados, tecnología.

—¿Cuántos clientes? —quiso saber Kathryn.

Martin hizo otra pregunta antes de que Nick contestara la anterior.

—¿Y es buena su tecnología? Nunca había oído hablar de ellos.

Nick seguía contestando rápido.

—Son la mitad de nosotros en términos de clientes —dijo, leyendo sus notas—. Me parece que unos veinte. Y su tecnología parece buena para esos clientes.

Martin parecía escéptico. Kathryn fruncía el ceño.

—¿Cuántos empleados? ¿Todos están en Boston?

—Sí, tienen alrededor de setenta y cinco personas, y todos, menos siete, están en Beantown.

Durante las jornadas de Napa, Kathryn había tenido cuidado de guardarse sus opiniones para desarrollar mejor la capacidad de su equipo. Pero en el calor de la toma de decisiones del mundo real, la contención no era una de sus mejores cualidades.

—Un momento. Esto no me parece bien, Nick. Estaríamos ampliando la empresa en un cincuenta por ciento y agregando todo un conjunto de productos. Me parece que ya tenemos bastantes desafíos por delante.

Nick estaba preparado para el disenso, pero no pudo ocultar su impaciencia.

—Si no damos pasos arriesgados como éste vamos a perder oportunidades para distanciarnos de nuestros competidores. Tenemos que ser visionarios.

Ahora fue Martin el que entornó los ojos. Kathryn siguió atacando a Nick.

—En primer lugar, debo decir que Mikey debió asistir a esta reunión. Me gustaría saber lo que piensa del posicionamiento en el mercado y de estrategia. Y yo...

—Mikey no agregaría ningún valor a esta conversación —la interrumpió Nick—. Esto no tiene nada que ver con relaciones públicas o publicidad. Esto es estrategia.

Kathryn estaba a punto de saltar al cuello de Nick por ser tan agresivo con una persona que no estaba en la reunión; todo el mundo lo advertía. Pero decidió esperar unos minutos.

—No he terminado. También creo que el problema de lucha de poder que tenemos sólo se vería exacerbado con esa adquisición.

Nick respiró hondo, como si pensara *no puedo creer que tenga que tratar con gente como ésta.* Pero antes de que dijera algo que pudiera lamentar, intervino Jan.

—Y entiendo que nuestra posición en dinero disponible es mejor que la de cualquiera de nuestros competidores y mejor que la del noventa por ciento de las empresas tecnológicas del Valle. Pero el que tengamos dinero no signi-

fica que tengamos que gastarlo. A menos que se trate de un claro ganador.

Y ahora sí que Nick dijo algo de lo que quizá tendría que arrepentirse.

—Con todo respeto, Kathryn, puede que seas una excelente ejecutiva para dirigir reuniones y mejorar el trabajo en equipo. Pero no sabes nada de nuestro negocio. Creo que deberías dejar que Jeff y yo nos ocupáramos de estas cosas.

La sala quedó en completo silencio. Kathryn estaba segura que alguien contestaría ese discursillo de Nick. Se equivocaba. Incluso Martin tuvo la audacia de mirar la hora y decir:

—Eh, lo siento, pero tengo otra reunión. Decidme si necesitáis algo de mí.

Y se marchó.

Kathryn estaba preparada para llamar al orden a cualquiera de sus subordinados si incurría en una conducta destructiva que pudiera dañar al equipo, pero no creía que la primera oportunidad se iba a centrar en ella misma. Esto tornaba más difíciles las cosas; pero de todos modos debía actuar. La duda era si debía hacerlo en privado o delante de todo el grupo.

—Nick, ¿prefieres que conversemos aquí o en privado?

Sopesó cuidadosamente la pregunta, muy consciente de las posibles implicaciones.

—Creo que podría actuar a lo «macho» y decir «si tienes algo que decir, dilo». Pero creo que esto lo debemos resolver en privado.

Llegó a sonreír por una fracción de segundo.

Kathryn pidió al grupo que los dejaran a solas.

—Os veré esta tarde en la reunión.

Se marcharon de buen grado.

Tan pronto se marcharon, Kathryn habló de manera relajada y segura, mucho más controlada de lo que Nick esperaba.

—En primer lugar, nunca agredas a una persona que no está presente. No me importa qué pienses de Mikey. Es parte del equipo y debes decirle las cosas directamente a ella o a mí. Tendrás que corregir eso.

Nick, con sus casi dos metros de estatura, parecía un alumno de primero de secundaria en el despacho del director. Pero por sólo un momento. Lleno de frustración replicó a Kathryn.

—No tengo nada que hacer aquí. Se suponía que íbamos a crecer mucho más rápido y a desarrollar una política de adquisiciones más activa. No puedo seguir sentado mirando cómo este lugar...

—¿Así que se trata de ti? —le interrumpió Kathryn.

—¿Qué? —dijo Nick, que parecía no haber escuchado la pregunta.

—Esta adquisición. ¿Es porque quieres tener algo que hacer?

Nick intentó retroceder.

—No, creo que es una buena idea. Puede ser estratégica para nosotros.

Kathryn se limitaba a escuchar. Y Nick, como un criminal que fuera interrogado, empezó a contarlo todo.

—Pero sí que estoy completamente desaprovechado. Trasladé a mi familia desde el otro extremo de este condenado país con la expectativa de dirigir alguna vez este lugar y ahora estoy aburrido, me siento impotente y sólo puedo observar cómo mis compañeros lo arruinan todo.

Nick había bajado la vista, y sacudía la cabeza, culpable e incrédulo por la situación en que se encontraba.

Kathryn expresó con calma sus comentarios.

—¿Crees que estás contribuyendo a arruinar las cosas?

Alzó la vista.

—No, se supone que estoy a cargo del crecimiento de la infraestructura, de las fusiones y adquisiciones. Y no hacemos nada de todo eso porque el consejo de administración dice que...

—Hablo de la visión general, Nick. ¿Estás colaborando a mejorar este equipo o estás contribuyendo a sus disfunciones?

—¿Qué crees tú?

—No creo que lo estés mejorando —dijo Kathryn y se interrumpió—. Pero es evidente que tienes mucho que ofrecer. Y esto es independiente de que dirijas o no dirijas esta empresa.

Nick intentó explicarse.

—No insinuaba que quiero tu puesto. Sólo comentaba...

Kathryn alzó la mano.

—No te preocupes por eso. Tienes derecho a hacer esos comentarios de vez en cuando. Pero tengo que decirte que no veo que ayudes a tus compañeros. En todo caso, los estás agrediendo.

Nick no estaba preparado para aceptar lo que le decía Kathryn.

—¿Y qué crees que debería hacer? —replicó.

—¿Por qué no intentas decir al resto del grupo de dónde vienes? Diles lo que acabas de decirme, que te sientes mal aprovechado, que has tenido que trasladar a tu familia...

—Pero no tiene la menor relación con adquirir o no adquirir Green Banana.

Los dos sonrieron un momento ante lo ridículo de ese nombre. Y Nick continuó:

—Quiero decir que si no entienden por qué necesitamos hacer cosas así, entonces...

Como vacilaba, Kathryn le terminó la idea.

—¿Entonces qué? ¿Entonces te deberías marchar?

Nick ya estaba molesto.

—¿Eso es lo que quieres? Si eso es lo que quieres, entonces quizá me marche.

Kathryn le miraba, esperando que Nick se hiciera cargo de la situación. Finalmente le dijo:

—No se trata de lo que yo quiera. Se trata de ti. Tienes que decidir qué es más importante: ayudar al equipo o progresar en tu carrera.

Kathryn se dio cuenta de que estaba procediendo con un poco de dureza, pero sabía lo que estaba haciendo.

—No veo por qué esas dos cosas tienen que excluirse mutuamente —comentó Nick.

—No se excluyen. Pero una tiene que ser más importante que la otra.

Nick miraba la pared, sacudía la cabeza, trataba de decidir si debía enfadarse con Kathryn o darle las gracias por forzarle la mano.

—Que sea lo que sea.

Se puso de pie y salió de la habitación.

Fuegos artificiales

Alrededor de las dos de la tarde todos estaban sentados en la mesa de la sala principal de reuniones a la espera de empezar; todos, excepto Nick y JR. Kathryn miró su reloj y decidió comenzar.

—Muy bien, hoy revisaremos rápidamente lo que está haciendo cada uno y después ocuparemos el resto del tiempo sentando las bases de las dieciocho negociaciones que necesitamos cerrar.

Jeff estaba a punto de preguntar a Kathryn dónde estaban Nick y JR cuando Nick entró en la habitación.

—Siento llegar tarde.

Había dos asientos vacíos, uno cerca de Kathryn y el otro en el extremo contrario de la mesa. Escogió el más distante de la directora.

En vista de la conversación que habían tenido horas atrás, Kathryn no iba a llamarle la atención por el retraso. El resto del equipo parecía comprender su mesura. Empezó entonces la reunión.

—Antes de comenzar, necesito...

—Tengo algo que decir —la interrumpió Nick.

Todos sabían que Nick podía ser grosero. Pero interrumpir a Kathryn después de llegar tarde a la primera reunión oficial de la nueva directora parecía especialmente atrevido. Curiosamente, Kathryn no parecía molesta en absoluto.

—Escuchad, necesito desembuchar algunas cosas —empezó Nick.

Nadie se movió. Pero interiormente ardían de curiosidad.

—En primer lugar, sobre la reunión de esta mañana: creo que me pasé de la raya. El comentario que hice sobre Mikey estando ella ausente fue injusto. Mikey se quedó de una pieza, luego enfureció, pero no dijo nada.

Nick se dirigió a ella.

—No te sulfures, Mikey. Ya te contaré después. No era para tanto.

Extrañamente, Mikey pareció tranquilizarse ante la confianza y candidez de Nick.

—En segundo lugar —continuó Nick—, por mucho que crea que Green Banana es una empresa que deberíamos adquirir, mi insistencia en cerrar el trato se debe más que todo a mi necesidad de hacer algo. Veréis: estoy empezando a creer que me equivoqué viniendo a trabajar aquí y sólo deseaba tener algo que me permitiera lucirme. No sé cómo voy a describir en mi *currículum vitae* lo que he estado haciendo durante los últimos dieciocho meses.

Jan miró a Kathryn, la única persona que no parecía sorprendida en toda la habitación.

—Pero creo que ya es hora —continuó Nick— de que encare la realidad de la situación y tome una decisión. —Hizo una breve pausa—. Necesito un cambio. Necesito hallar una manera de colaborar con este equipo y con esta empresa. Y necesito que me ayudéis. De otro modo tendré que marcharme. Pero no estoy listo para irme ahora mismo.

A Kathryn le habría gustado decir que sabía lo que iba a decir Nick, pero más tarde confesaría a su marido que creía, honestamente, que iba a renunciar. A pesar de haberse equivocado, de pronto se sintió entusiasmada porque se quedaba. Y no sabía explicarse por qué.

El silencio era total, nadie sabía cómo reaccionar ante una confesión ajena a la forma de ser de Nick y a las cos-

tumbres del equipo. Kathryn quería felicitar a Nick por ser tan abierto, pero decidió dejar que el momento hablara por sí mismo. Cuando ya estuvo claro que el equipo había digerido la magnitud de la situación y nada tenía que agregar, Kathryn rompió el silencio.

—Tengo que hacer un anuncio.

Martin estaba seguro de que iba a presenciar un abrazo general del grupo o algún conmovedor comentario conciliador de Kathryn. Pero el anuncio de Kathryn fue muy distinto:

—JR renunció anoche.

El silencio reinante se tornó ominoso. Pero duró apenas unos segundos. Martin fue el primero que reaccionó.

—¿Qué? ¿Por qué?

—No está muy claro —respondió Kathryn—. Por lo menos según lo que me dijo. Se va, por supuesto, a Add-Soft a asumir otra vez la vicepresidencia regional.

Kathryn vaciló antes del comentario siguiente, que le parecía mezquino, pero decidió comunicarlo de todos modos:

—También me dijo que no quería seguir desperdiciando el tiempo en jornadas dedicadas a los problemas personales de la gente.

La tensión aumentó. Kathryn se mantuvo a la espera de acontecimientos.

—Está bien —dijo entonces Mikey—, ¿alguien más cree que ese asunto de construir un equipo ha ido demasiado lejos? ¿Estamos mejorando o empeorando las cosas?

Hasta Carlos frunció el ceño, como si compartiera la preocupación de Mikey. La tensión era tangible ahora y las cosas parecían írsele de las manos a Kathryn.

Tras los tres segundos más largos de la breve carrera de Kathryn en DecisionTech intervino Martin.

—Bueno, creo que para nadie es una novedad que no soporto estos asuntos de formación de equipos. Quiero decir que me parece una tontería.

La situación era suficientemente grave para Kathryn como para que tuviera que soportar esto. Pero Martin no había terminado.

—Pero es la mierda más grande que he escuchado. Creo que JR tenía miedo de no saber cómo vender nuestros productos.

Jeff secundó la opinión de Martin:

—Me lo confesó hace unos meses, mientras bebíamos una cerveza en el aeropuerto. Que nunca había vendido nada en un mercado que no existía todavía. Y que prefería sentirse respaldado por una marca conocida. También me dijo que jamás había fracasado en la vida y que no pensaba fracasar aquí.

—Y le molestaba —agregó Jan— que le preguntáramos por las ventas. Se sentía presionado.

—En todo caso, la mayoría de las ventas que hemos hecho —intervino Mikey— fueron obra de Martin y Jeff. No creo que JR supiera verdaderamente...

Kathryn estaba a punto de decir algo cuando Nick volvió a hablar:

—Escuchad, soy el menos indicado para decir esto, porque siempre fui el mayor crítico de JR, pero no sigamos por ese camino. Se ha marchado y necesitamos imaginar qué vamos a hacer.

Carlos se ofreció enseguida.

—Me puedo hacer cargo de las ventas hasta que encontremos a alguien.

Jan tenía suficiente confianza con Carlos y podía ser directa con él incluso ante todo el grupo.

—Apreciamos mucho tu ofrecimiento, pero creo que en esta sala hay otras dos personas que tienen más tiempo disponible y más experiencia en ventas. Uno de vosotros.

Miraba a Jeff, que estaba sentado junto a Nick.

—No lo toméis a mal —dijo de inmediato Jeff—, ya sabéis que estoy dispuesto a hacer lo que me pidáis. Pero nunca he dirigido una organización de ventas ni cumplido

cuotas en esa materia. Me gusta vender a clientes e incluso a inversionistas; pero siempre que se trate de alguien que sabe lo que está haciendo.

—Nick, tú dirigiste operaciones en tu última empresa —opinó Mikey—. Y antes habías encabezado un equipo de ventas.

Nick asintió.

—Pero recuerdo que cuando entrevistamos a Nick —agregó Martin, que gustaba de referirse a la gente en tercera persona como si ésta no estuviera presente en la misma habitación y no lo hacía por ser grosero sino para establecer cierta distancia—, él dijo que quería romper con su carrera de hombre de operaciones, que quería asumir un papel más corporativo, de liderazgo.

Nick volvió a asentir, verdaderamente impresionado porque Martin recordara algo de él.

—Es así. Me sentía sepultado en ventas y operaciones.

Nadie habló por un momento. Nick prosiguió.

—Pero debo decir que era muy bueno en ventas y que me gustaba.

Kathryn resistía la tentación de empezar a proponer a Nick. Jeff no pudo.

—Y ya tienes una buena relación con nuestra fuerza de ventas. Y tienes que confesar que te has sentido frustrado por nuestra incapacidad de cerrar más negocios.

—Vamos, Nick —bromeó Carlos—. Si no aceptas tú, van a aceptar mi oferta.

Kathryn hizo un ademán hacia Nick como diciendo *tiene razón.*

—En tal caso sería negligente si dijera que no.

Todo el mundo se reía, cuando de pronto sonó la alarma de incendio.

Jan se palmoteó la frente.

—¡Ay!, me olvidé que hoy había un ensayo de incendio. El departamento de bomberos de Half Moon Bay in-

formó que dos veces al año tenemos que realizar un simulacro.

Todo el mundo empezó a recoger sus cosas.

—Gracias a Dios. Ya nos veía a todos abrazándonos —agregó Martin, con su habitual sentido del humor.

Filtraciones

Pocos días después, Kathryn tuvo problemas con su portátil y acudió al departamento de informática para ver si se lo podían reparar. El departamento lo formaban sólo cuatro personas y lo encabezaba un muchacho llamado Brendan, uno de los subordinados directos de Jan. Dado lo pequeño del grupo, no era extraño que atendiera las llamadas el mismo Brendan. Especialmente si la llamada venía de un ejecutivo; especialmente si quien llamaba era la directora general.

Brendan acudió enseguida e identificó el problema de inmediato. Informó a Kathryn que debería llevarse unos días el portátil y ella le explicó que lo necesitaría antes del fin de semana.

—Ah, ¡es verdad! Vais a celebrar otra jornada.

Para Kathryn no fue sorpresa que Brendan estuviera enterado de la jornada. De hecho le agradaba que los empleados supieran en qué ocupaba su tiempo el equipo cuando se encontraba fuera de la oficina. Pero su próximo comentario sí que la preocupó.

—Me gustaría ser una mosca en la pared durante esas reuniones.

Kathryn no podía pasar por alto ese comentario.

—¿Y por qué?

Brendan, cuya capacidad técnica sólo se comparaba con su falta de tacto social, respondió sin vacilar:

—Bueno, digamos que la gente pagaría por ver a Mikey respondiendo por sus actitudes.

Aunque a Kathryn no terminaba de molestarle que los empleados reconocieran los problemas de conducta de Mikey, su primera reacción a la observación de Brendan fue de decepción. Se preguntaba cuántas personas más sabrían en la empresa lo que sucedía en las jornadas.

—Bueno, yo no describiría así lo que hacemos en las jornadas.

Kathryn sabía que no podía culpar a Brendan por nada de esto, así que cambió de tema.

—Bueno, gracias por encargarte de mi ordenador.

Brendan se marchó y Kathryn se quedó pensando cómo manejaría la situación con Jan y con los demás del equipo.

Segundas jornadas

La semana siguiente, pocos días después de la que muy pronto sería conocida como la reunión de la alarma de incendio, empezaron las segundas jornadas en Napa Valley.

Kathryn empezó el encuentro con su discurso habitual.

—Contamos con más dinero en caja, mejor tecnología y ejecutivos con más talento y experiencia, pero sin embargo nos estamos quedando atrás de nuestros competidores. Os recuerdo que estamos aquí porque necesitamos trabajar con mayor eficacia como equipo.

Kathryn planteó entonces un tema difícil, pero en el tono menos amenazador posible.

—Tengo una pregunta rápida para cada uno. ¿Qué habéis dicho, si lo habéis hecho, a vuestra gente acerca de las primeras jornadas que celebramos?

Por más que lo intentó, Kathryn no pudo evitar que se formara una atmósfera de interrogatorio en la sala.

—No estoy aquí para presionar a nadie. Sólo creo que debemos ser claros acerca de nuestra conducta como equipo.

—No comenté nada a nadie —dijo Jeff enseguida—. Ni una palabra.

Todos rieron, porque Jeff ya no tenía subordinados directos.

—Sólo comenté que hicimos una cantidad de ejercicios sensibleros —dijo Mikey.

Trataba de resultar simpática, pero todos advirtieron que había algo de verdad en lo que estaba diciendo. Nadie rió.

Martin se puso de pronto a la defensiva.

—Si algo que hayamos hecho te molesta, ¿por qué no lo dices directamente? Porque puedo decir tranquilamente que tuve unas cuantas conversaciones francas con mis ingenieros. Quieren saber si estamos perdiendo el tiempo o no, y creo que merecen una explicación. Y si eso ha significado violar la confidencialidad, lo siento.

A todos les sorprendió un poco la explicación inusualmente larga y visceral de Martin.

Kathryn estuvo a punto de soltarse a reír.

—Caramba. No estoy enfadada con nadie. No estoy diciendo que no deberíamos haber hablado con nuestros equipos acerca de la jornada. De hecho, hubiera tenido que ser más explícita sobre este punto.

Martin parecía aliviado, y un poco confundido.

—Probablemente fui yo quien más habló con sus subordinados que ninguna otra persona —intervino Jan—. Y me imagino que alguno te dijo algo.

Kathryn tuvo la impresión de que Jan había adivinado lo que había sucedido.

—Bueno, en realidad fue por uno de tus subordinados por quien formulé la pregunta.

Mikey parecía gozar con la situación en que se encontraba Jan.

—Pero no se trata de ti ni de nadie en particular —continuó Kathryn—. Sólo intento comprender cómo funcionan aquí las cosas en términos de confidencialidad y lealtad.

—¿A qué te refieres con lealtad? —preguntó Nick.

—Me refiero a cuál consideras tú que sea tu primer equipo.

No le sorprendió la confusión en la sala y se explicó:

—Esta no es una charla sobre la salvaguarda de infor-

mación confidencial. O por lo menos ése no es el punto central de lo que intento transmitir. Va más allá de eso.

Kathryn empezaba a sentirse frustrada por su incapacidad de articular el asunto. Recurrió a la franqueza.

—Lo que intento saber es si creéis que el equipo que formamos nosotros es tan importante como los equipos que dirigís en vuestros departamentos.

Todos los presentes parecían comprender ahora. Y no parecían cómodos con las respuestas que tenían en la cabeza. Jan habló:

—¿Así que te estás preguntando si confiamos a nuestros subordinados directos cosas que debiéramos mantener entre nosotros?

Kathryn asintió. Martin respondió primero.

—Me siento mucho más cerca de mi equipo que de este grupo. Lo siento, pero es verdad.

—Probablemente valga también en mi caso —dijo Nick—. Con excepción del grupo de ventas del cual acabo de encargarme. —Siguió pensando el punto—. Pero apostaría que dentro de unas semanas me sentiré más cerca de ellos que de este equipo.

Aunque el comentario de Nick quería ser gracioso y produjo una risa apagada en el grupo, la triste verdad pareció desalentarlos a todos.

—Creo que todos dirán —dijo ahora Jan— que consideramos que nuestros equipos son más importantes que éste. —Vaciló antes de terminar su idea—. Pero nadie más que yo.

El comentario captó la atención de todos.

—¿Podrías explicarte mejor? —preguntó Kathryn, amablemente.

—Bueno, como todos saben, me siento muy unida con mi gente. De mis ocho subordinados directos, seis han trabajado antes conmigo y soy una especie de madre para ellos.

—Eres la madre de la camada —bromeó Carlos.

Todos rieron; y Jan sonrió y asintió con la cabeza.

—Sí, tengo que aceptarlo. Y no es que sea excesivamente emocional ni nada de eso. Es que ellos saben que haría casi cualquier cosa por ellos.

Kathryn asintió, como si se lo estuviera imaginando. Martin defendió a Jan.

—Eso no está mal. Mis ingenieros saben que les protejo de distracciones y obstáculos y el resultado es que se matan trabajando por mí.

—Y no abandonan cuando las cosas se ponen difíciles —agregó Jan—. Mi gente es extremadamente leal.

Kathryn se limitaba a escuchar, pero Nick presentía que muy pronto ofrecería un contrapunto.

—¿Te parece que esto es un problema? Yo creía que querías que fuéramos buenos gerentes.

—Por supuesto que sí —les aseguró Kathryn—. Me complace saber cuánto estimáis a vuestro personal. Y esto es muy coherente con lo que averigüé en las primeras entrevistas.

Todos estaban a la expectativa como diciéndose *¿y cuál es el problema entonces?*

—Pero cuando una empresa tiene un grupo de buenos gerentes que no actúan como equipo, tanto los gerentes como la compañía pueden verse envueltos en dilemas. Puede crearse confusión acerca de cuál es el primer equipo.

—¿El primer equipo? —preguntó Jeff, para aclarar las cosas.

—Sí, el primer equipo. Todo esto se relaciona con la última disfunción: poner los resultados del equipo por encima de los individuales. Vuestro primer equipo tiene que ser éste.

Miró a cada uno para dejar en claro que se refería al equipo ejecutivo.

—Por más cercanos que nos sintamos a nuestra propia gente y por más maravilloso que esto sea para ellos, esto sencillamente no puede ser a expensas de la lealtad y el

compromiso que tenemos con el grupo que está sentado aquí.

El equipo evaluaba las dificultades implícitas en lo que proponía Kathryn. Jan habló primero:

—Esto no es nada fácil, Kathryn. Sería muy fácil para mí sentarme aquí y estar de acuerdo contigo y asegurarte sin mucho entusiasmo que éste será mi primer equipo, pero verdaderamente no veo cómo puedo abandonar lo que tanto me ha costado construir en mi departamento.

Carlos intentó hallar un término medio.

—No creo que tengas que abandonar eso —dijo y miró a Kathryn en busca de apoyo. Ella parpadeaba, como si vacilara en mantener su postura.

—Bueno, no tienes que destruir nada. Pero tienes que estar dispuesta a que sea secundario. Y es posible que a muchos de vosotros os parezca un abandono.

Un poco desalentado, el grupo analizó la difícil propuesta. Jeff trató de aligerar el ambiente.

—Pensad en lo complicado que ha sido esto para mí. Vosotros erais mi primer equipo. No tenía a nadie a quien quejarme.

Todos rieron, incluso Mikey. A pesar de que Jeff estaba bromeando, comprendían que había algo de verdad en lo que decía y se apenaron por él. Kathryn pensó que era el momento de sacar partido de la situación.

—No sé de qué otro modo decirlo, pero es duro construir un equipo.

Silencio absoluto. Kathryn vio que la duda se reflejaba en los rostros. Pero no cambió de opinión por ello, porque esas dudas no tenían que ver con la importancia de construir un equipo, sino con si serían capaces de construirlo. Kathryn siempre prefería esta clase de duda.

Arando

Kathryn no perdió tiempo.

—Escuchad. Ahora no vamos a resolver este problema. Se trata de un proceso, y no necesitamos contemplarnos el ombligo más de unos minutos. Atengámonos a nuestro plan de construir un equipo y entonces no nos parecerá tan terrible la perspectiva de que éste sea el primero.

El grupo parecía listo para dejar a un lado sus temores, y Kathryn sólo hizo una pregunta sencilla para poner en marcha el proceso:

—¿Qué tal van las cosas?

—Creo que no podemos negar que algo ha sucedido desde la última jornada —dijo Jeff, que habló primero—. Quiero decir que si alguien me hubiera dicho que JR renunciaría y que ya tendríamos a alguien como Nick en su lugar, te habría acusado de tener todo preparado desde un principio.

—Bueno —aceptó Nick—, nunca pensé que estaría haciendo este trabajo ni tampoco, por cierto, que me estaría divirtiendo con él. Me parece que estamos en bastante buena forma. Pero nos falta mucho para cumplir con las previsiones.

Kathryn volvió a centrar la discusión.

—¿Pero cómo estamos funcionando como equipo?

—Creo que bien —contestó Jan—. Parece que avanzamos en la dirección correcta y que está claro que tenemos más conflictos productivos.

El grupo rió.

—No sé. Empiezo a tener mis dudas.

A Kathryn no la habría sorprendido una observación de esta naturaleza a estas alturas del proceso. Pero surgió de Carlos.

—¿Por qué? —preguntó.

—No sé —dijo Carlos, frunciendo el ceño—. Quizá porque me parece que no siempre hablamos de los grandes temas. Quizás estoy impaciente.

—¿Y en qué grandes temas estás pensando? —preguntó Jan.

—Bueno, no quiero remover cosas...

—Pero yo quiero que lo hagas —le interrumpió Kathryn.

—Bueno, me pregunto —dijo Carlos, que sonreía— si estamos dirigiendo los recursos hacia el lugar adecuado para que esto funcione.

A Martin le pareció que era el blanco de las observaciones de Carlos. Y tenía razón.

—¿Qué quieres decir con recursos?

—Bueno, no sé —dijo Carlos, que ahora tartamudeaba—. Me parece que tenemos una organización de ingeniería bastante grande. Creo que es casi un tercio de la compañía. Y bueno, podríamos utilizar más recursos en ventas, marketing y consultoría.

Martin no atacaba esas afirmaciones emocionalmente. Prefería lo que gustaba de llamar el planteo sarcrático, una versión sarcástica del método socrático. Se disponía a contradecir inteligentemente la observación de Carlos, pero Mikey le interrumpió.

—Estoy de acuerdo con Carlos. Francamente, no sé qué hacen la mitad de nuestros ingenieros. Y se me hace agua la boca pensando en cómo usaríamos el dinero para mejorar el marketing y la publicidad.

Martin suspiró audiblemente, como diciendo *ya estamos otra vez*. A nadie le pasó desapercibida su molestia.

Kathryn marcó la tónica del debate.

—De acuerdo. Resolvamos esto. Y no supongamos que estamos haciendo algo malo. Debemos esto a nuestros accionistas y empleados. Tenemos que decidir el mejor modo de usar nuestro dinero. Esta no es una batalla religiosa. Se trata de estrategia.

Kathryn había disuelto un poco la tensión, pero enseguida avivó el fuego. Se dirigió a Martin.

—Me imagino que estás cansado de que la gente ponga en duda nuestra inversión en ingeniería.

Martin estaba tranquilo, pero habló con pasión.

—Tienes toda la razón. Parece que la gente no comprende que no estamos invirtiendo en ingeniería, sino en tecnología. Somos una empresa de productos. No me dedico a gastar dinero para que los ingenieros jueguen al golf.

—Vamos, Martin —exclamó Nick—. Los ingenieros no juegan al golf.

Después de aligerar el momento con algo de humor, el nuevo jefe de ventas retomó el hilo de la conversación.

—Nadie está diciendo que seas responsable personalmente. Sólo que quizá tengas una opinión un poco sesgada.

Martin no estaba dispuesto a ceder fácilmente.

—¿Sesgada? Escuchad, estoy al tanto de las ventas como cualquiera de vosotros. Y hablo con analistas...

—Un momento, Martin —intervino Jan—. No estamos poniendo en duda tu compromiso con la compañía. Sólo que sabes más de ingeniería que de cualquier otra cosa, y quizá por ello deseas invertir en el producto. —Jan se acercaba al meollo del asunto—. ¿Por qué te pones a la defensiva cuando alguien comenta algo de ingeniería?

Fue como si Jan hubiera lanzado un jarro de agua fría sobre Martin y salpicado a todos los demás.

Mikey se sumó a la charla, aunque con más habilidad que habitualmente.

—Ella tiene razón. Actúas como si dudáramos de tu inteligencia.

Martin insistió, ahora más calmado.

—¿Y no es lo que estáis haciendo? Decís que exagero la cantidad de recursos necesarios para construir nuestros productos.

Jan explicó las cosas con más tacto que Mikey.

—No. Es más que eso, Mikey. Tratamos de establecer cuán buenos necesitan ser nuestros productos para triunfar en el mercado. Discutimos la cantidad de esfuerzo que debemos invertir en futura tecnología, porque esto nos puede costar que el mercado no se interese en nuestra tecnología actual.

Kathryn abandonó su papel de mediadora y apoyó la perspectiva de Jan.

—Y no hay modo de que puedas imaginar esto tú solo. No creo que aquí haya nadie tan perspicaz ni con conocimientos tan amplios y profundos como para saber la respuesta correcta sin escuchar a los demás y aprovechar su perspectiva.

Irónicamente, mientras más razonable parecía la explicación, más se cerraba Martin. Como si pudiera desechar fácilmente las inseguras afirmaciones de Mikey, pero se sintiera atrapado por la honestidad y la lógica de Jan y Kathryn.

—Escuchad, después de todo el tiempo que hemos empleado en construir este producto, no estoy dispuesto a leer un condenado epitafio de nuestra compañía que achaque el mal funcionamiento de la empresa a una mala tecnología.

Y antes que nadie pudiera señalarle que esto era una demostración palpable de la quinta disfunción, Martin los llevó al punto.

—Sí, ya sé que parece que esté más interesado en eludir mi responsabilidad personal que en ayudar a ganar a la empresa, pero...

No parecía contar con una buena explicación de su conducta.

Jan intervino.

—¿Por qué dices que soy tan puntillosa acerca de las finanzas?

Era una pregunta retórica, así que la contestó ella misma.

—Lo último que me gustaría leer en *The Wall Street Journal* es que no controlamos el dinero como debíamos y tuvimos que cerrar la empresa. Y Carlos no quiere que el tema del apoyo a los clientes nos hunda ni Mikey que fracasemos porque no pudimos construir una marca.

A pesar de la equilibrada distribución de culpas, Mikey parecía no poder aceptar su porción. Miró a Jan como diciendo *no estoy preocupada por eso*.

Jan la ignoró y dijo al resto del grupo:

—Parece que nos estemos peleando por los botes del *Titanic*.

—No creo que la situación sea tan desesperada —aclaró Nick.

Kathryn matizó la metáfora de su jefe de finanzas:

—Bueno, pero me parece que nos estamos acercando a ellos, por si acaso.

Nick asintió, como diciendo *bueno, te concedo eso*. Kathryn recondujo la conversación y se dirigió a Martin.

—Así pues, ¿en qué estábamos?

Martin respiró profundamente, sacudió la cabeza como si no estuviera de acuerdo con nada de lo que se había dicho y entonces sorprendió a todos:

—De acuerdo, analicemos la situación.

Fue al tablero y dibujó un mapa de toda su organización, explicando lo que hacía cada uno y cómo se relacionaba. Sus compañeros estaban genuinamente asombrados tanto por lo mucho que ignoraban acerca de lo que sucedía en el área de ingeniería como por cómo se vinculaba todo.

Después que Martin hubo terminado, Kathryn dio dos horas al grupo para que discutiera los méritos relativos de

expandir o reducir los recursos asignados a ingeniería y de su uso en otras áreas. El equipo discutió con vehemencia por momentos, cambió de opinión, se cerró sobre sus opiniones antiguas y finalmente decidió que la respuesta correcta no estaba tan clara.

Quizá lo más importante fue que cada miembro del grupo se acercó en alguna ocasión al tablero, incluso Kathryn, y explicó algún punto. Si alguien bostezó alguna vez fue por agotamiento, no porque estuviera aburrido.

Y fue Jeff quien ofreció una solución. Propuso interrumpir completamente una línea futura de productos y postergar otra por lo menos seis meses. Nick propuso entonces entrenar a los ingenieros de esos proyectos para asistir a los representantes de venta con demostraciones de los productos.

El grupo estuvo de acuerdo en pocos minutos, estableció una pauta de trabajo agresiva para implementar el cambio y se quedó contemplando, asombrado, la compleja pero viable solución dibujada en el tablero que tenían delante.

Kathryn propuso un descanso y comer. Agregó:

—Cuando regresemos vamos a hablar sobre cómo enfrentar las incomodidades personales y cómo responsabilizarnos los unos con los otros.

—Estoy impaciente —dijo Martin, y su ambigua observación no pretendía condenar el proceso y nadie la consideró en ese sentido.

Responsabilizarse

Después del descanso, Kathryn estaba decidida a mantener el ritmo de la sesión de la mañana y le pareció que sería pertinente concentrarse en asuntos concretos y no tanto en ejercicios.

Así que pidió a Nick que dirigiera el equipo en la revisión de los avances realizados para alcanzar la meta de dieciocho negociaciones. Nick escribió en el tablero los cuatro puntos clave en los cuales el grupo había acordado centrarse en la jornada previa: demostración de productos, análisis competitivo, entrenamiento de ventas y folletos del producto. Nick empezó a preguntar.

—Martin, ¿cómo va el proyecto de demostraciones?

—Estamos muy adelantados. Ha resultado un poco más fácil de lo que creíamos y lo terminaremos un par de semanas antes de lo previsto. Carlos nos ha ayudado mucho.

A Nick no le gustaba perder tiempo.

—Magnífico, Carlos. ¿Y el análisis de la competencia?

Carlos rebuscó entre un montón de papeles que tenía sobre la mesa.

—Traje un resumen actualizado, pero no lo encuentro. —Desistió de buscar—. En todo caso, en realidad todavía no hemos empezado. No he podido concretar una reunión todavía.

—¿Por qué no?

Nick se mostró más paciente de lo que esperaba Kathryn.

—Bueno, con toda franqueza, porque mucha de tu gente no estaba disponible. Y he estado ocupado ayudando a Martin con las demostraciones.

Silencio.

Nick decidió ser constructivo.

—¿Y cuáles de mis subordinados no han estado disponibles?

Carlos no quería culpar a nadie.

—No me estoy quejando de nadie. Sólo que...

Nick le interrumpió.

—Está bien, Carlos. Sólo dime quién necesita involucrarse más.

—Bueno, creo que Jack es el hombre clave. Y Ken. Y no estoy seguro si...

—¿Nadie ve un problema aquí? —interrumpió ahora Kathryn.

—Sí —contestó Nick—, necesito hablar con mis subordinados sobre nuestras prioridades y asegurarme de que estén dispuestos a apoyarlas.

Kathryn reconoció que eso era cierto, pero iba tras algo más.

—¿Y qué me dices de Carlos? ¿No crees que tendría que haber hablado contigo para arreglar este problema antes de esta reunión? Nadie dijo nada cuando confesó que ni siquiera había comenzado el análisis de la competencia.

Otro silencio incómodo.

Carlos tenía suficiente confianza en sí mismo como para no reaccionar desproporcionadamente a esa observación de su jefe. De momento parecía estar sopesándola.

—No es fácil presionar a alguien que siempre está colaborando —arriesgó Martin.

Kathryn asintió y después agregó en tono firme:

—Tienes razón. Pero eso no es una buena excusa. El hecho es que Carlos es uno de los vicepresidentes de la compañía y necesita establecer mejor las prioridades según lo que hemos acordado hacer y necesita presionar a

la gente de la organización que no responde a sus peticiones.

Kathryn advirtió que Carlos empezaba a mostrarse afectado y se dirigió directamente a él:

—Te estoy usando de ejemplo, Carlos, porque eres una persona colaboradora. Pero esto se puede aplicar a cualquiera. Es difícil responsabilizar a algunas personas porque son muy colaboradoras. A otras porque se ponen enseguida a la defensiva. Y a otras porque te intimidan. No creo que sea fácil exigir responsabilidades a nadie, ni siquiera a los propios hijos.

Esto produjo signos de asentimiento en algunos miembros del equipo.

—Deseo que cuestionéis lo que hacen los demás —continuó Kathryn—. Cómo ocupan su tiempo, qué progresos hacen.

—Pero eso suena a falta de confianza —la desafió Mikey.

Kathryn negó con la cabeza.

—No, la confianza no es lo mismo que suponer que los demás están en lo mismo que tú y que no necesitan alguna presión. La confianza es reconocer que cuando un miembro del equipo te presiona lo está haciendo porque se preocupa por el equipo.

—Pero debemos presionar de forma que nadie se sienta agredido —aclaró Nick.

Su afirmación parecía una pregunta, así que intervino Kathryn:

—Por supuesto. Presionad respetuosamente y en el supuesto de que la otra persona está actuando correctamente. Pero presionad de todas maneras. Y nunca dejéis de hacerlo.

El equipo digirió bien el punto, y Kathryn hizo una pausa. Después pidió a Nick que continuara.

—De acuerdo —accedió él de buen grado—, estamos en el punto número tres, el programa de entrenamiento de ventas. Este es mío y vamos a buen ritmo. He programado

una sesión de dos días para mi gente y creo que todos vosotros deberíais asistir también.

—¿Por qué? —preguntó Mikey, con incredulidad.

—Porque todos nos deberíamos considerar vendedores. Especialmente si de verdad nuestra prioridad es cerrar esos dieciocho tratos.

—Así es —dijo Kathryn en un tono que no admitía dudas.

—Así que nos vamos a comprometer y necesitamos saber cómo ayudar a nuestros representantes de ventas —continuó Nick, que anunció la fecha de la sesión de entrenamiento. Todos la anotaron en su agenda.

Mikey todavía parecía molesta.

—¿Algún problema, Mikey? —preguntó Nick.

—No, no, puedes continuar.

Nick no podía aceptar esa respuesta. Controló la frustración que quizá sentía, e insistió:

—No, si crees que hay una buena razón para que no asistas al entrenamiento de ventas, estoy dispuesto a escucharla.

Hizo una pausa, dándole la oportunidad de que respondiera, pero como no dijo nada, continuó:

—Francamente, no creo que haya algo más importante.

Mikey respondió finalmente, y de manera sarcástica:

—Muy bien, y me gustaría que todos asistierais a la reunión de marketing de producto la próxima semana.

Nick volvió a controlarse.

—¿De veras? Porque si crees que deberíamos asistir, y tiene sentido, entonces así será.

Mikey ni siquiera consideró el ofrecimiento.

—Olvídalo. Iré al entrenamiento de ventas. En la reunión de marketing de producto sólo necesito a Martin.

En ese mismo momento Kathryn estuvo completamente segura de que Mikey debía asistir. Desgraciadamente los próximos cinco minutos harían eso mucho más difícil de lo que le hubiera gustado.

Contribución individual

Nick pasó al cuarto punto de la lista.

—Bien, ¿cómo van los folletos de producto?

Dirigió la pregunta a Mikey.

—Estamos listos —dijo Mikey, cuyo interés en no ser interrogada era obvio.

—¿Es cierto? —exclamó Nick, algo sorprendido.

Mikey advirtió que sus compañeros no terminaban de creerle y buscó algo en el maletín del ordenador, sacó un montón de folletos brillantes y los empezó a repartir a los demás.

—La próxima semana se imprimirán.

Todos revisaron el diseño y leyeron el texto en silencio. Kathryn advirtió que la mayoría estaba complacida por la calidad del material.

Pero Nick parecía incómodo.

—¿Ibas a mostrarme estas pruebas? Porque algunos vendedores están pidiendo la opinión de los clientes sobre estos folletos y van a quedar un poco desconcertados si ven que sus opiniones no han sido tomadas en cuenta...

—Mi personal conoce este asunto mejor que nadie en la compañía —le interrumpió Mikey—. Pero si deseas que alguno de tus subordinados aporte su granito de arena, perfecto.

Era evidente que no le parecía necesario.

Nick parecía vacilar entre dejarse impresionar por lo que estaba mirando y sentirse insultado por la manera como se lo presentaban.

—De acuerdo, te enviaré una lista de tres o cuatro personas que deberían ver esto antes de mandarlos a imprimir.

Cualquier entusiasmo que hubiera producido el progreso de Mikey fue anulado por su reacción frente a Nick.

Jeff trató de suavizar la áspera situación.

—Bueno, en cualquier caso, tú y tu equipo habéis hecho un gran trabajo.

El elogio se le subió a la cabeza a Mikey.

—Bueno, trabajé duro. Y es lo que hago mejor.

Todos los presentes parecían protestar en silencio por la continua falta de humildad de su colega.

En uno de sus escasos instantes impulsivos, Kathryn resolvió que ya no podía esperar más. Anunció que habría un largo descanso hasta la comida de las seis de la tarde y despidió a todo el mundo. Excepto a Mikey.

La conversación

Cuando todo el mundo se hubo marchado y se cerró la puerta, Kathryn sintió remordimientos y ganas de pasear sola largo rato. ¿Cómo voy a salir de esto? se preguntaba, a sabiendas que ya no podría retroceder.

Mikey parecía no tener la menor idea de lo que iba a suceder. Kathryn no lograba decidir si su ignorancia facilitaría o complicaría las cosas. Pronto lo sabría.

—Esta será una conversación dura, Mikey.

En el rostro de la vicepresidenta de marketing brilló una mirada de entendimiento, pero desapareció enseguida.

—¿Sí?

Kathryn respiró profundamente y atacó el problema.

—No creo que sirvas para este equipo. Y no creo que verdaderamente quieras estar aquí.

Mikey parecía genuinamente impresionada, lo que sorprendió por completo a Kathryn. *Ella tenía que haber visto venir esto*, se decía Kathryn.

Mikey no lo podía creer.

—¿Yo? Tienes que estar bromeando. De toda la gente de este equipo, crees que yo... ¿Yo?

No terminó la frase y miró fijamente a Kathryn.

Cosa extraña, ahora que las cosas ya estaban sobre la mesa Kathryn se sentía mucho más cómoda. Había tratado con muchos ejecutivos difíciles en su carrera y sabía mantenerse firme en estas situaciones tensas. Pero Mikey era más inteligente que el ejecutivo promedio.

—¿A cuento de qué viene todo esto? —preguntó Mikey.

Sin perder la calma, Kathryn le explicó.

—Mikey, parece que no respetas a tus colegas. No estás dispuesta a abrirte con ellos. En las reuniones tienes un impacto extraordinariamente desmotivador en ellos, y que los distrae. Yo también me incluyo entre los afectados.

Por mucho que Kathryn supiera que era verdad lo que estaba diciendo, de pronto advirtió lo infundada que habría parecido su acusación a cualquiera que no conociera la situación.

—¿Crees que no respeto a mis colegas? El problema es que ellos no me respetan.

En el mismo instante en que esas palabras salían de su boca, Mikey pareció advertir la gravedad de su propia inculpación accidental. Ligeramente nerviosa, trató de aclararlas.

—No aprecian la experiencia que tengo ni mi especialización. Y desde luego no saben nada de marketing de software.

Kathryn escuchaba en silencio y con cada palabra de Mikey adquiría más seguridad en su decisión.

Mikey lo percibió y atacó con más calma, pero con considerable animosidad.

—¿Kathryn, cómo crees que va a reaccionar el consejo de administración cuando deje el equipo? En menos de un mes habrás perdido a tu jefe de ventas y a tu jefe de marketing. Yo en tu lugar estaría muy preocupada por tu trabajo.

—Agradezco tu preocupación, Mikey —dijo Kathryn, no sin cierto sarcasmo—. Pero mi trabajo no es evitar confrontaciones con el consejo de administración. Mi trabajo es construir un equipo ejecutivo que haga funcionar esta empresa. Y creo que a ti no te gusta formar parte de éste.

Mikey respiró profundamente.

—¿Y de verdad crees que sacarme del equipo va a ayudar a la compañía?

—Sí que lo creo —asintió Kathryn—. Y honestamente creo que también será bueno para ti.

—¿Por qué crees eso?

Kathryn decidió ser lo más fiel a la verdad y lo más amable que le fuera posible.

—Bueno, puedes hallar una compañía que aprecie mejor tus habilidades y tu estilo.

Kathryn deseaba no decir la próxima frase, pero le pareció que decirla sería lo mejor para Mikey

—Pero creo que eso no será fácil si antes no te analizas a ti misma.

—¿Qué me quieres decir?

—Quiero decir que pareces amargada, Mikey. Y quizá tenga que ver con DecisionTech...

Mikey la interrumpió antes de que Kathryn pudiera continuar.

—Por supuesto que tiene que ver con DecisionTech, porque nunca había tenido problemas como éste.

Kathryn estaba segura de que esto no era así, pero no quería arrojar sal en la herida.

—Entonces, sin duda, estarás mejor en otra parte.

Mikey tenía la mirada clavada en la mesa. Kathryn creyó que se estaba haciendo cargo de la situación. Se equivocaba.

Última batalla

Mikey se retiró un momento, para pensar, y regresó pocos minutos después, al parecer más decidida que nunca.

—En primer lugar, no voy a renunciar. Tendrás que despedirme. Mi marido es abogado y no creo que os vaya a resultar muy fácil pleitear contra mí.

Kathryn no se dejó impresionar. Pero respondió con toda sinceridad y simpatía:

—No te estoy despidiendo. Y no tienes que marcharte. Jamás he dicho eso.

Mikey parecía confundida. Kathryn aclaró la situación.

—Pero tendrás que cambiar completamente de conducta. Y el cambio tendrá que ser rápido. —Kathryn hizo una pausa, para que Mikey sopesara lo que le estaba diciendo—. Y, francamente, no estoy segura de que quieras pasar por eso.

La expresión de Mikey indicaba claramente que no quería pasar por eso. Pero sin embargo se defendió.

—No creo que mi conducta sea el problema que hay aquí.

—Por supuesto que no es el único —le contestó Kathryn—, pero es uno muy concreto. No participas en áreas fuera de tu departamento. No aceptas críticas de tus compañeros ni te disculpas cuando te sales del esquema.

—¿Y cuándo me he salido del esquema? —exigió saber Mikey.

Kathryn no sabía si Mikey actuaba con astucia o ver-

daderamente era una inconsciente. En cualquier caso, tendría que decirle todo, pero con calma.

—No sé por dónde empezar. Está ese continuo entornar los ojos. Y esas observaciones groseras e irrespetuosas como llamar hijo de puta a Martin. Y tu falta de interés por asistir a los entrenamientos de ventas, aunque sea la principal prioridad de la empresa. Yo diría que todo eso se sale bastante del esquema.

Mikey se quedó atónita, en silencio. Enfrentada a esas pruebas evidentes, de pronto parecía caer en la cuenta de su dilema. Pero aún le restaban municiones antes de darse por vencida.

—Escucha. No soporto más que la gente se queje de mí. Y por cierto que no voy a cambiar para adecuarme a este grupo disfuncional. Pero tampoco voy a facilitarte las cosas y marcharme así, sin más. Esto es una cuestión de principio.

—¿Qué principio? —preguntó Kathryn, cada vez más segura.

Mikey no pudo enunciar una respuesta específica. Sólo miraba fríamente a Kathryn, moviendo la cabeza.

Pasó casi un minuto. Kathryn intentaba no romper el silencio, quería que Mikey tuviera tiempo para advertir la vacuidad de sus argumentos. Finalmente, Mikey dijo:

—Quiero tres meses de indemnización, el pago garantizado de mis opciones sobre acciones y una carta que ponga que he renunciado voluntariamente.

Aliviada, Kathryn estaba dispuesta a dar a Mikey todo lo que pedía. Pero no lo iba a decir en ese momento.

—No estoy segura de todo eso, pero trataré de conseguirlo.

Hubo otro incómodo momento de silencio.

—¿Así que quieres que me vaya ahora mismo? ¿Ni siquiera me puedo quedar a cenar?

Kathryn asintió.

—Puedes venir a llevarte tus cosas de la oficina la pró-

xima semana. Y a reunirte con Recursos Humanos para el finiquito, en el supuesto que consiga lo que pides.

—¿Sabes que tus muchachos están fastidiados, verdad?

Mikey quería castigar de alguna manera a Kathryn.

—Quiero decir —continuó— que ya no tienes jefe de ventas ni de marketing. Y no me sorprendería que perdieras a parte de mis subordinados como consecuencia de todo esto.

Pero Kathryn había pasado más de una vez por esta clase de situaciones y ya conocía lo suficiente a los subordinados de Mikey para saber que ellos también veían en su jefe los mismos fallos que los demás habían visto. Sin embargo, le pareció mejor manifestar alguna preocupación.

—Bueno, por supuesto que lo comprenderé si sucede, pero espero que no sea así.

Mikey sacudió otra vez la cabeza, como si estuviera por arremeter de nuevo. Pero finalmente cogió el maletín del ordenador y se marchó.

Enfriamiento

Kathryn pasó el resto del período de descanso realizando una larga caminata por las viñas. Cuando volvió a empezar la reunión se sentía muy bien, pero en absoluto preparada para lo que iba a suceder.

—¿Dónde está Mikey? —preguntó Nick sin darle tiempo de plantear el tema.

Kathryn quería dar la noticia sin parecer demasiado aliviada.

—Mikey no vendrá. Deja la compañía.

Las miradas alrededor de la mesa no calzaban con las expectativas de Kathryn. Parecían de sorpresa.

—¿Y por qué? —quiso saber Jan.

—Bueno, lo que voy a deciros es confidencial, debido a razones legales pertinentes al despido de empleados.

Todos asintieron. Kathryn quería ser muy directa.

—No me pareció que Mikey quisiera ajustar su conducta. Y estaba dañando al equipo. Así que le pedí que se fuera de la empresa.

Nadie hablaba. Se miraban unos a otros y miraban las pruebas de los folletos, que aún tenían enfrente, sobre la mesa. Finalmente habló Carlos:

—Caramba. No sé qué decir. ¿Cómo se lo tomó ella? ¿Qué haremos con el marketing?

Nick continuó con la lista de preguntas:

—¿Y qué diremos a los empleados? ¿Y a la prensa?

Kathryn estaba sorprendida por las reacciones, pero enseguida improvisó una respuesta.

—No voy a decir mucho sobre cómo reaccionó Mikey. Estaba un poco sorprendida y un poco enfadada. Pero nada de eso es extraño en situaciones similares.

El grupo esperaba que Kathryn se refiriera a los otros puntos.

—Y en cuanto a lo que haremos con el marketing —continuó—, vamos a buscar un nuevo vicepresidente. Contamos con mucha gente valiosa en la organización que puede hacerse cargo y mantener las cosas funcionando hasta entonces. No me preocupa este punto.

Todo el mundo parecía aceptar las cosas y estar de acuerdo con Kathryn.

—Y sencillamente le diremos a los empleados y a la prensa que Mikey se cambia de empresa. No hay mucha flexibilidad en este punto, en términos de información sensible. Pero no creo que nos deba intimidar la reacción inicial de nadie. Si conseguimos actuar juntos y avanzar, los empleados y los analistas estarán tranquilos. Y me parece que la mayoría de la gente, especialmente los empleados no se sorprenderán mucho con esto.

Kathryn se sentía segura y sus argumentos parecían razonables y lógicos, pero la atmósfera de la sala había decaído. Kathryn sabía que tendría que presionar bastante para que todos se centraran en el trabajo concreto. No sabía cuánto más tendría que trabajar para desactivar el problema creado por Mikey.

Levantamiento de pesas

Durante el resto de la velada y hasta la tarde siguiente el grupo se centró en detalles del negocio, con especial atención a las ventas. Aunque indudablemente progresaban, Kathryn no podía negar que la partida de Mikey continuaba enrareciendo la atmósfera. Decidió arriesgarse.

Se dirigió al grupo al terminar el almuerzo.

—Me gustaría ocupar algunos minutos con el convidado de piedra que está sentado en el rincón. Quiero saber qué siente cada uno sobre la salida de Mikey. Porque necesitamos asegurarnos que tratamos esto como equipo antes de que tenga que explicarlo al consejo de administración la próxima semana.

Aunque siempre la sorprendía, Kathryn sabía por experiencias anteriores que el despido de empleados, incluso muy difíciles, provocaba algún grado de duelo y dudas en sus compañeros.

Los miembros del equipo se miraban unos a otros, como decidiendo quién hablaría primero. Fue Nick.

—Creo que sólo me preocupa haber perdido otro miembro del equipo ejecutivo.

Kathryn asintió, para reconocer su preocupación, pero en realidad quería decir *¡pero si ella nunca fue miembro de este equipo!*

—Sé que era una persona difícil —continuó Jan ahora—, pero su trabajo era de buena calidad. Y el marketing es crucial en este momento. Quizá tendríamos que haberla tolerado un poco más.

Kathryn asintió para indicar que estaba escuchando.

—¿Alguien más?

Martin hizo como que alzaba la mano, dejando en claro con ese gesto que iba a decir algo que prefería no decir.

—Creo que sólo me estoy preguntando quién será el siguiente.

Kathryn hizo una pausa antes de responder.

—Permitidme que os cuente una anécdota sobre mí misma. De la que no me siento muy orgullosa.

Todos prestaron atención. Kathryn frunció el ceño, como si no le agradara hacer lo que estaba a punto de hacer.

—Durante el último trimestre de mis estudios universitarios acepté un trabajo como contratista en una conocida firma de venta minorista de San Francisco, donde dirigí un pequeño departamento de análisis financiero. Era mi primer cargo administrativo y esperaba obtener un trabajo definitivo en esa misma compañía apenas me graduara.

A pesar de sus limitaciones como oradora, Kathryn tenía gracia para contar historias.

—Heredé un buen grupo de personas. Todos trabajaban duro, pero uno de los muchachos elaboraba más informes, y mejores, que los demás. Le llamaré Fred. Se hacía cargo de cualquier tarea que le encomendaba y se transformó en mi empleado de confianza.

—Ojalá tuviera un problema así —comentó Nick.

Kathryn alzó una ceja.

—Bueno, la historia continúa. Nadie más soportaba a Fred en el departamento. Y, si debo ser honesta, a mí también me exasperaba a veces. No ayudaba a nadie en su trabajo y se las arreglaba para que todos se enteraran de que era el mejor, lo que era innegable incluso para los que no podían soportarlo. En cualquier caso, varias veces el personal vino a quejarse de Fred. Escuché atentamente e incluso hablé con Fred para que modificara su conducta. Pero, en realidad, desestimé las quejas, las atribuí a la en-

vidia que tenían a su capacidad. Y lo más importante: no quería pelear con quien más rendía.

El grupo parecía sentir empatía con ella. Kathryn prosiguió.

—El rendimiento del departamento empezó a decaer paulatinamente. Di entonces más trabajo a Fred, que se quejó un poco, pero se las arregló para hacerlo todo. Yo sentía que se estaba haciendo cargo del departamento. Pero muy pronto la moral empezó a deteriorarse con mayor rapidez y el rendimiento cayó aún más. Varios analistas acudieron a mí a quejarse de Fred y ya era claro que en realidad estaba contribuyendo más de lo que yo creía a los problemas del grupo. Pasé pensando toda una noche, casi no dormí, y adopté mi primera gran decisión.

—Lo despediste —dijo Jeff.

—No, lo ascendí —dijo Kathryn, como avergonzada.

Todos quedaron boquiabiertos. Kathryn asintió con la cabeza.

—Así fue. Fred fue la primera persona que ascendí. Dos semanas más tarde, renunciaron tres de mis siete analistas y el departamento fue presa del caos. Nos retrasamos bastante en el trabajo y mi jefe me llamó para saber qué estaba ocurriendo. Le explique la situación de Fred y por qué había perdido tres analistas. Al día siguiente, él adoptó una gran decisión.

—Le despidió —dijo Jeff.

Kathryn intentó esbozar una sonrisa.

—Estuviste cerca. No. Me despidió a mí.

El grupo parecía sorprendido. Jan deseaba que Kathryn se sintiera mejor.

—Pero las empresas no suelen despedir a contratistas.

Kathryn prosiguió en tono sarcástico.

—Está bien. Digamos que la designación cesó abruptamente y que nunca se molestaron en volver a llamarme.

Nick y Martin sonrieron, intentando no carcajearse. Kathryn completó lo que pensaban.

—Me despidieron definitivamente.

Todos rieron.

—¿Y qué sucedió con Fred? —preguntó Jeff.

—Supe que renunció pocas semanas más tarde y que contrataron a otra persona para que dirigiera el departamento. El rendimiento mejoró drásticamente un mes después de su salida, aunque el departamento tenía tres analistas menos.

—¿Nos estás diciendo que la conducta de Fred perjudicaba en un cincuenta por ciento la producción del grupo?

—No, no la conducta de Fred.

Parecían confundidos.

—El problema era mi tolerancia. Despidieron a la persona correcta.

Nadie hablaba. Parecían sentir el dolor del jefe y hacer las conexiones obvias entre el relato de Kathryn y lo que había sucedido el día anterior.

Kathryn sacó las conclusiones del caso.

—No quiero perder a ninguno de vosotros. Y por eso os he contado lo que os he contado.

En ese momento todos parecían comprenderla.

Concentración

De regreso en la oficina, Kathryn convocó una reunión general para informar de la partida de Mikey y de otros asuntos de la empresa. A pesar del tacto y la amabilidad de Kathryn, la noticia provocó más preocupación en los empleados que la que esperaban los ejecutivos. Y aunque comprendían que la reacción se relacionaba más con el significado simbólico de la medida que con la pérdida de Mikey en particular, esto empañó el entusiasmo del equipo.

Así que Kathryn empleó más de una hora de la siguiente reunión del grupo para discutir cómo iban a reemplazar al jefe de marketing. Después de un acalorado debate sobre si promover a uno de los subordinados directos de Mikey, intervino Kathryn para romper el empate.

—Muy bien. Ha sido una discusión muy buena y creo haber escuchado a todos. ¿Alguien tiene algo más que decir?

Nadie dijo nada, así que continuó Kathryn.

—Creo que necesitamos hallar a alguien que pueda hacer crecer el departamento y ayudarnos a imponer la marca. Y por mucho que hubiera preferido promover a alguien de la casa, no veo que nadie del departamento se aproxime a lo que hoy necesitamos. Creo que tenemos que empezar a buscar un nuevo vicepresidente.

Todos asintieron, incluso los que habían argumentado en contra de una contratación externa.

—Pero os puedo asegurar que vamos a encontrar a la persona adecuada. Esto significa que todos entrevistare-

mos a candidatos y nos ocuparemos de encontrar a alguien que demuestre confianza, participe en los conflictos y en las decisiones de grupo, que responsabilice a sus compañeros y se centre en los resultados del equipo y no en su propio ego.

Kathryn estaba segura de que el personal empezaba a aceptar su teoría. Pidió a Jeff que organizara la búsqueda del nuevo vicepresidente y cambió de tema. Pasó a ventas.

Nick informó que se había avanzado con algunos posibles clientes y que algunas regiones del país necesitaban apoyo.

—Creo que necesitamos más pies en la calle.

Jan sabía que Nick estaba pidiendo más dinero e intervino de inmediato.

—No quiero agregar más gastos, porque eso sólo significa que aumentarán sus cuotas. No queremos entrar en una espiral fatal.

Nick respiró hondo y movió la cabeza como diciendo *otra vez tú*. Y antes que nadie supiera de qué se trataba, Nick y Jan estaban casi gritando, tratando de convencer al otro, y al resto del grupo, que su planteo era el correcto.

Durante una breve pausa en la discusión, Jan se acomodó en la silla, frustrada, y exclamó:

—Nada ha cambiado aquí. Después de todo, quizás el problema no era Mikey.

Los semblantes de los miembros del grupo estaban serios. Intervino Kathryn, sonriendo.

—Un momento. Un momento, por favor. No veo nada malo. Esta es la clase de conflicto de que hemos conversado durante un mes. Es perfecto.

Jan trató de explicarse.

—Me parece que no lo veo así. Todavía creo que estamos peleando.

—Estás peleando. Pero por problemas concretos. Es tu trabajo. De otro modo dejarías que la gente tratara de resolver problemas que no puede resolver. Necesitan que

expongas bien este asunto para poder decidir con claridad.

—Espero que valga la pena —dijo Jan, que parecía agotada.

—Confía en mí —dijo Kathryn, sin dejar de sonreír—. Vale la pena en más de un sentido.

Durante las dos semanas siguientes, Kathryn insistió con su equipo más que nunca sobre la conducta. Le llamó la atención a Martin por erosionar la confianza con su actitud engreída en las reuniones. Obligó a Carlos a enfrentarse al equipo por su falta de respuesta ante problemas de los clientes. Y pasó más de una vez hasta altas horas de la noche con Nick y Jan, dando las batallas presupuestarias que había que dar.

Pero más importante que lo que hizo Kathryn fue la reacción que obtuvo. Por más resistencia que provocaran en su momento, nadie ponía en duda que debían hacer lo que Kathryn les obligaba a hacer. Parecía haber un genuino sentido de propósito colectivo.

La única duda de Kathryn era si conseguiría que las cosas siguieran avanzando como para que todos vieran los beneficios.

CUARTA PARTE

Tracción

Cosecha

Aunque la última de las jornadas de Kathryn en Napa Valley tuvo una atmósfera diferente, empezó con el acostumbrado discurso.

—Contamos con un grupo de ejecutivos con más experiencia que el de nuestros competidores. Tenemos más dinero disponible que cualquiera de ellos. Gracias a Martin y a su equipo contamos con mejor tecnología básica. Y contamos con un consejo de administración que dispone de mejores conexiones que ningún otro. Pero a pesar de todo eso estamos detrás de dos de nuestros competidores en términos de ingresos y de crecimiento de clientes. Y creo que todos sabemos por qué.

Nick alzó la mano.

—Kathryn me gustaría que dejaras ese discurso.

Un mes antes todos se habrían sorprendido por una afirmación directa. Pero ahora nadie pareció alarmarse.

—¿Y por qué? —preguntó Kathryn.

Nick frunció el ceño, tratando de hallar las palabras adecuadas.

—Me parece que era más apropiado hace unas semanas, cuando éramos mucho más…

Nick no finalizó la frase.

Kathryn se explicó del modo más amable que pudo.

—Dejaré de hacerlo cuando ya no sea necesario. Pero seguimos a la zaga de dos de nuestros competidores. Y todavía no estamos donde debiéramos estar como equipo. Pero no significa que no estemos en el camino correcto. De

hecho, lo primero que quiero que hagamos hoy es dar un paso atrás y evaluar cómo estamos como equipo.

Kathryn se dirigió al tablero y dibujó el triángulo y escribió allí las cinco disfunciones.

—¿Cómo lo estamos haciendo? —preguntó entonces.

El equipo sopesó la pregunta mientras examinaba el modelo. Finalmente habló Jeff.

—Sin duda confiamos más unos en otros que hace un mes.

Todos asintieron y Jeff completó la idea.

—Aunque me parece demasiado pronto para decir que no nos queda trabajo por hacer.

Todos volvieron a asentir.

—Y nos llevamos mejor con los conflictos, aunque no puedo decir que me haya acostumbrado a ellos —agregó Jan.

—No creo que nadie se acostumbre completamente al conflicto —la tranquilizó Kathryn—. Si no es un poco in-

...odo, entonces no es conflicto. La clave es, en todo ...o, continuar provocándolo.

Jan aceptó la explicación.

—Y en cuanto al compromiso —intervino Nick—, creo que definitivamente hemos empezado a aceptar objetivos y cumplimientos. Eso no es problema. Pero el paso siguiente, la responsabilidad mutua, me preocupa.

—¿Por qué? —preguntó Jeff.

—Porque no estoy seguro de que estemos dispuestos a encararnos si alguien no cumple o si alguien empieza a actuar contra el bien del equipo.

—Yo estoy seguro de encararlo.

Para sorpresa de todos, fue Martin el que hizo el comentario. Se explicó:

—No creo que pueda soportar la vuelta a como eran las cosas en el pasado. Y si todo se resume en algo de incomodidad en contraposición a lucha por el poder, opto por la incomodidad.

Nick sonrió a su quisquilloso colega y terminó con el modelo.

—Bueno, no creo que vayamos a tener problemas de resultados. Nadie saldrá muy bien de esta empresa si no la hacemos funcionar.

A Kathryn nunca le había gustado tanto ver que en una sala todos asentían. Pero decidió desinflar un poco el globo del equipo.

—Escuchad. Estoy de acuerdo con casi todo lo que habéis dicho sobre el equipo. Estáis avanzando en la dirección correcta. Pero os quiero asegurar que habrá muchos días en los próximos meses en que os preguntaréis si habéis avanzado o no. Necesitaremos más que unas pocas semanas de cambio de conducta antes de que veamos un impacto tangible en los resultados.

El equipo parecía estar aceptando todo con demasiada facilidad. Decidió que debía inquietarlos una vez más.

—Os digo esto, porque todavía no hemos salido del

bosque. He visto retroceder a muchos grupos que estab
en mejor posición que el nuestro. Tenemos que contar co
disciplina y perseverancia para seguir haciendo lo que estamos haciendo.

Kathryn se sentía incómoda por aguar la fiesta, pero
la tranquilizaba el haberles preparado para el mal tiempo
que todo equipo afronta alguna vez mientras supera sus
disfunciones. Y el equipo experimentó ese mal tiempo esos
dos días. Trabajaron con una actitud cooperativa y otras
veces arrojándose al cuello, pero encararon los problemas
del trabajo y los resolvieron. Irónicamente, en escasas ocasiones discutieron directamente el trabajo en equipo, lo
que Kathryn interpretó como un progreso. Y dos observaciones que pudo hacer durante los descansos y las comidas
le indicaron que tenía razón.

En primer lugar, el equipo parecía continuar unido, y
ya no se iba cada uno por su cuenta como en las primeras
jornadas. En segundo lugar, eran más ruidosos que nunca
y uno de los sonidos que más se escuchaba era la risa. Al
acabar las sesiones, aunque estaban evidentemente cansa-
dos, todos parecían ansiosos por programar reuniones entre ellos cuando volvieran a la oficina.

Prueba de coraje

Tres meses después de las últimas jornadas, Kathryn convocó su primera reunión trimestral de dos días del cuerpo directivo en un hotel local. El nuevo vicepresidente de marketing, Joseph Charles, se había incorporado a Decision-Tech hacía una semana y por primera vez asistía a una reunión con el grupo.

Kathryn abrió la sesión con un anuncio que nadie esperaba.

—¿Os acordáis de Green Banana? ¿La empresa que pensamos comprar el trimestre pasado?

Algunos asintieron.

—Bueno, Nick sin duda tenía razón cuando dijo que posiblemente sería un competidor. Nos quieren comprar.

Todos se mostraron consternados, menos Jeff, que como formaba parte del consejo de administración ya se había enterado. Y nadie más que Nick.

—¿Pero no tenían problemas financieros?

—Los tenían —explicó Kathryn—. Pero me parece que obtuvieron un verdadero cargamento de dinero el mes pasado y están deseosos de comprar algo. Ya nos hicieron una oferta.

—¿Y qué proponen? —preguntó Jan.

Kathryn revisó sus notas.

—Mucho más que lo que valemos hoy. Todos ganaríamos bastante.

—¿Qué ha dicho el consejo de administración? —insistió Jan.

—Lo dejan en nuestras manos —respondió Jeff por Kathryn.

Nadie decía nada. Como si trataran de calcular lo que cobrarían y de situar la oferta en algún tipo de contexto.

Finalmente, una voz casi furiosa con acento inglés rompió el silencio.

—De ningún modo.

Todos se volvieron hacia el jefe de tecnología. Habló más apasionadamente que nunca.

—De ningún modo voy a abandonar todo esto y entregarlo en bandeja a una compañía cuyo nombre es el de una fruta que no ha madurado.

El grupo rió de buena gana.

Jan los hizo poner los pies en la tierra.

—No creo que debamos descartar la oferta tan rápido. Nada garantiza que logremos nuestros objetivos. Y en esto hay bastante dinero.

Jeff se sumó a su directora de finanzas.

—Y el consejo de administración, por cierto, no cree que sea una mala oferta.

Martin parecía no poder creer a Jeff.

—¿Y entonces por qué quieren que decidamos nosotros?

Jeff pensó un momento antes de responder.

—Porque quieren saber si tenemos agallas.

Martin frunció el ceño.

—¿Qué?

Jeff aclaró el punto a su colega británico.

—Quieren saber si queremos estar aquí. Si verdaderamente estamos comprometidos con la compañía. Y unos con otros.

Joseph resumió la situación.

—Parece una prueba para saber si tenemos coraje.

—Voto en contra —dijo Carlos, que hablaba por primera vez en la reunión.

—Yo también. Sin ninguna duda —dijo entonces Jeff.

Nick asintió y también Kathryn y Joseph.

Martin miró a Jan.

—¿Qué dices tú?

Vaciló un momento.

—¿Green Banana? ¿Estás bromeando?

Todos rieron.

Kathryn recondujo rápidamente el tema de la reunión, tratando de llevarlo a los negocios concretos.

—De acuerdo, tenemos muchos grandes temas pendientes. Empecemos.

Durante varias horas, el grupo explicó a Joseph las cinco disfunciones. Nick explicó la importancia de la confianza. Jan y Jeff, en conjunto, se ocuparon del conflicto y el compromiso. Carlos describió la responsabilidad mutua en el contexto del equipo y Martin se ocupó finalmente de los resultados. Revisaron entonces los resultados de Joseph en el Myers-Briggs y le explicaron las funciones y responsabilidades de sus nuevos compañeros y sus metas colectivas.

Y más importante: el resto del día se enzarzaron en los debates más apasionados que nunca había escuchado Joseph y los terminaron con acuerdos de suma claridad y sin que se advirtiera la menor amargura entre ellos. Se calificaron un par de veces de una manera que incomodó a Joseph, pero en cada caso terminaron la reunión con buenos resultados.

Al término de la sesión, Joseph estaba convencido de haber ingresado al equipo ejecutivo más insólito e intenso que había conocido, y ansiaba formar parte de él.

La marcha

En el transcurso del año siguiente, DecisionTech aumentó drásticamente sus ventas y cumplió su meta de ingresos en tres de los cuatro trimestres. La compañía se situó en empate virtual en la posición de número uno de su sector, y sólo le faltaba distanciarse de su principal competidor.

Con esta mejora sustancial del desempeño disminuyó el movimiento y cambio de empleados y la moral mejoró de manera sostenida, salvo una breve mengua temporal cuando la compañía no cumplió la meta un trimestre.

Cuando sucedió aquello, el presidente del consejo de administración llamó a Kathryn para pedirle que no se sintiera decepcionada, pues eran innegables los progresos que había conseguido.

La empresa ya tenía más de doscientos cincuenta empleados y Kathryn decidió que había llegado la hora de recortar el número de ejecutivos que despachaban directamente con ella. Consideraba que mientras mayor fuera la compañía, menor debía ser la cúpula directiva. Y con la incorporación de un nuevo jefe de ventas y de un director de recursos humanos, el equipo directivo había crecido hasta un total de ocho personas, un grupo a duras penas manejable. Kathryn podía manejar las reuniones semanales individuales, pero cada vez le resultaba más difícil tener conversaciones productivas durante reuniones en que nueve personas se sentaban alrededor de una mesa. A pesar de la nueva actitud colectiva de los miembros del equipo, sólo era cuestión de tiempo que surgieran problemas.

Así que más de un año después de la última jornada en Napa, Kathryn decidió hacer algunos cambios de organización, que explicó con delicadeza y confianza a cada uno de los miembros de su equipo. Nick volvería a asumir las funciones de director general, título que consideraba que finalmente se había ganado. Carlos y el nuevo jefe de ventas dependerían de él y ya no de la directora general. Recursos Humanos dependería de Jan, lo que dejaba a Kathryn con cinco subordinados directos: Martin, jefe de tecnología; Jan, jefe de finanzas; Nick, director general; Joseph como vicepresidente de marketing, y Jeff como vicepresidente de desarrollo de negocios.

Una semana después tuvo lugar otra reunión trimestral de dos días del equipo de Kathryn. Antes de que Kathryn iniciara la sesión, Jan preguntó:

—¿Dónde está Jeff?

—De eso os iba a hablar —respondió Kathryn en tono neutral—. Jeff ya no vendrá a estas reuniones.

La estupefacción fue general. Por lo que habían oído y porque Kathryn lo dijo sin la menor emoción. Finalmente Jan hizo la pregunta que todos estaban pensando.

—¿Renunció?

—No —dijo Kathryn, que parecía sorprendida por la pregunta.

—¿No le has despedido, verdad? —preguntó Martin.

De pronto Kathryn cayó en la cuenta de lo que todo el mundo estaba pensando.

—No, por supuesto que no. ¿Por qué iba a despedir a Jeff? Pero desde ahora queda a las órdenes directas de Nick. En vista de sus nuevas funciones, los dos pensamos que tiene sentido.

Todo el mundo parecía aliviado porque sus peores temores se habían disipado, pero algo seguía inquietándoles.

Jan no se pudo contener:

—Kathryn, por supuesto que veo que tiene sentido. Y,

francamente, estoy segura de que Nick está contento de tener a Jeff en su equipo.

Nick asintió, confirmando, y Jan prosiguió:

—¿Pero no crees que le decepciona no depender de ti directamente? Ya sé que no se supone que nos debamos preocupar del estatus o del ego y todo eso, pero es miembro del consejo de administración y uno de los fundadores de la empresa. ¿Has pensado bien lo que significa todo esto para él?

Kathryn sonrió orgullosamente, encantada de verse obligada a explicar lo que había querido decirles desde el principio.

—Pero si la idea fue de Jeff.

A ninguno de ellos se le había ocurrido. Kathryn continuó:

—Jeff me dijo que le habría gustado mucho seguir en este equipo, pero que le parecía que tenía más sentido que fuera parte del grupo de Nick. En realidad, le di la oportunidad de cambiar de opinión, pero insistió en que era lo correcto para la compañía y para el equipo.

Kathryn les dejó admirar un momento a su ex director general. Y siguió:

—Creo que estamos en deuda con Jeff y con todos en esta compañía: esto tiene que funcionar. Empecemos.

El modelo

Construir un equipo cohesionado es difícil, pero no es complicado.

De hecho, la sencillez es crucial, ya sea que se lidere un equipo ejecutivo en una empresa multinacional, en un pequeño departamento dentro de una organización mayor o incluso si se es parte de un equipo que necesita mejorar. En este sentido, este apartado está diseñado para facilitar una guía clara, concisa y práctica para utilizar el modelo de las Cinco Disfunciones para mejorar un equipo. Buena suerte.

Visión de conjunto del modelo

Mi experiencia trabajando con directores generales y sus equipos me ha permitido distinguir dos verdades que me parecen decisivas. En primer lugar, el genuino trabajo en equipo sigue siendo, en la mayoría de las organizaciones, algo tan elusivo como siempre ha sido. En segundo lugar, las organizaciones no logran trabajar en equipo porque involuntariamente caen presa de cinco obstáculos naturales pero peligrosos, que llamo las cinco disfunciones de un equipo.

Estas cinco disfunciones pueden ser erróneamente interpretadas como cinco asuntos que pueden ser tratados aisladamente. Pero en realidad constituyen un modelo interrelacionado y convierten en potencialmente letal para el

equipo el fallo en cualquiera de esos cinco aspectos. Una rápida visión general de cada disfunción, y del modelo que configuran, aclarará lo que estoy diciendo.

1. La primera disfunción es la **ausencia de confianza** entre los miembros del equipo. Esto surge, esencialmente, de su falta de disposición para ser vulnerables en el grupo. Los miembros del equipo que no están dispuestos a abrirse ante los otros para aceptar errores y debilidades imposibilitan la construcción de los cimientos de la confianza.

2. Este fracaso en construir confianza es perjudicial porque propicia la segunda disfunción: **el temor al conflicto**. Los equipos que carecen de confianza son incapaces de entregarse a discusiones de ideas sin freno y apasionadamente. Recurren, en cambio, a conversaciones veladas y a comentarios cuidadosos.

3. La falta de conflicto es un problema porque refuerza la tercera disfunción de un equipo: **la falta de compromiso**. Sin airear sus opiniones en el curso de un debate abierto y apasionado, los miembros de un equipo en escasas ocasiones (si lo hacen alguna vez) aceptan verdaderamente las decisiones y se comprometen con ellas; aunque finjan estar de acuerdo durante las reuniones.

4. Debido a esta falta de compromiso y aceptación, los miembros de un equipo desarrollan una **evitación de responsabilidades**, la cuarta disfunción. Sin comprometerse con un claro plan de acción, hasta la gente más centrada y entusiasta suele vacilar antes de llamar la atención de sus compañeros sobre acciones y conductas que parecen contraproducentes para el bien del equipo.

5. La incapacidad para hacerse responsables mutuamente crea un ambiente en que puede prosperar la

quinta disfunción. **La falta de atención a los resultados** ocurre cuando los miembros del equipo sitúan sus necesidades individuales (como el ego, el desarrollo de la carrera personal, el reconocimiento) o incluso las necesidades de sus departamentos por encima de las metas colectivas del equipo.

Y así, al igual que a una cadena a la cual se le ha roto un solo eslabón, el trabajo en equipo se deteriora si se permite que florezca una sola disfunción.

Otro modo de entender este modelo es adoptar el enfoque opuesto —positivo— e imaginar cómo se conducen los miembros de un equipo verdaderamente cohesionado:

1. Confían unos en otros.
2. Participan en conflictos por ideas sin filtrarlos.
3. Se comprometen con decisiones y planes de acción.
4. Se responsabilizan mutuamente por el cumplimiento de esos planes.
5. Se centran en el logro de resultados colectivos.

Esto parece sencillo porque efectivamente es sencillo, por lo menos en teoría. Sin embargo en la práctica es extremadamente difícil porque requiere niveles de disciplina y perseverancia que pocos equipos pueden ejercer.

Antes de entrar en cada una de las disfunciones y explorar maneras de superarlas, puede ser útil evaluar el equipo e identificar dónde están las oportunidades de mejoría en la organización.

Evaluación del equipo

El cuestionario de las páginas siguientes es una sencilla herramienta de diagnóstico para evaluar la susceptibilidad de un equipo a las cinco disfunciones. Al final del cuestionario, hay una explicación simple sobre cómo crear una tabla con los resultados e interpretar las posibles conclusiones. Si es posible, que todos los miembros del equipo completen el diagnóstico y revisen los resultados, discutan las discrepancias en las respuestas e identifiquen cualquier evidente implicación para el equipo.

Instrucciones: Utilice la escala abajo indicada para señalar cómo se aplica cada afirmación a su equipo. Es importante evaluar honestamente las afirmaciones y no pensar demasiado las respuestas.

3 = habitualmente
2 = a veces
1 = casi nunca

_____ 1. Los miembros del equipo discuten los problemas apasionadamente y sin prevenciones.

_____ 2. Los miembros del equipo señalan las deficiencias y conductas improductivas de cada uno.

_____ 3. Los miembros del equipo saben en qué están trabajando los otros y cómo contribuyen al bien colectivo del equipo.

_____ 4. Los miembros del equipo se disculpan en el acto y con toda sinceridad cuando dicen o hacen algo inadecuado o posiblemente perjudicial para el equipo.

_____ 5. Los miembros del equipo están dispuestos a sacrificar (por ejemplo presupuesto, carrera y puestos de trabajo) en sus departamentos o áreas especializadas por el bien del equipo.

_____ 6. Los miembros del equipo confiesan abiertamente sus debilidades y errores.

_____ 7. Las reuniones del equipo son apasionantes, no aburridas.

_____ 8. Los miembros del equipo se marchan de las reuniones confiados en que sus compañeros están por completo comprometidos con las decisiones que se acordaron, aunque hubiera desacuerdos inicialmente.

_____ 9. La moral se deteriora significativamente cuando no se logran las metas del equipo.

_____10. Durante las reuniones del equipo, los asuntos más importantes y difíciles se ponen sobre la mesa para ser resueltos.

____11. A los miembros del equipo les preocupa seriamente la perspectiva de defraudar a sus compañeros.

____12. Los miembros del equipo conocen la vida personal de cada uno y se sienten cómodos conversando sobre ella.

____13. Los miembros del equipo terminan sus debates con resoluciones claras y específicas y la decisión de actuar.

____14. Los miembros del equipo se desafían unos a otros acerca de sus planes y planteamientos.

____15. Los miembros del equipo no tienen prisa en destacar sus propias contribuciones pero señalan las de los demás sin pérdida de tiempo.

Puntuaciones

Combine sus puntuaciones de las afirmaciones anteriores como se indica a continuación.

Disfunción 1 Ausencia de confianza	Disfunción 2 Temor al conflicto	Disfunción 3 Falta de compromiso	Disfunción 4 Evitación de responsabilidades	Disfunción 5 Falta de atención a los resultados
Afirmación 4 ___	Afirmación 1 ___	Afirmación 3 ___	Afirmación 2 ___	Afirmación 5 ___
Afirmación 6 ___	Afirmación 7 ___	Afirmación 8 ___	Afirmación 11 ___	Afirmación 9 ___
Afirmación 12 ___	Afirmación 10 ___	Afirmación 13 ___	Afirmación 14 ___	Afirmación 15 ___
Total ___	Total ___	Total ___	Total ___	Total ___

Una puntuación de 8 ó 9 indica probablemente que la disfunción no es un problema en su equipo.

Una puntuación de 6 ó 7 indica que la disfunción puede ser un problema.

Una puntuación de 3 a 5 indica probablemente que hay que afrontar la disfunción.

Independientemente de la puntuación, es importante tener presente que un equipo requiere constante trabajo, porque sin él incluso los mejores son presa de las disfunciones.

Comprender y superar las cinco disfunciones

Disfunción 1: *ausencia de confianza*

La confianza es el fundamento de un equipo cohesionado y que funciona. Sin ella el trabajo en equipo es imposible.

Desgraciadamente, la palabra *confianza* se utiliza —y se usa mal— tan a menudo que ha perdido algo de su significado y empieza a sonar como maternidad o tarta de manzanas. Por ello es importante ser muy preciso con lo que se quiere decir con la palabra confianza.

En el contexto de la construcción de un equipo, la confianza es la seguridad que tienen los miembros del equipo sobre que las intenciones de sus compañeros son buenas y sobre que no hay razón para ser ni protector ni cauteloso en el seno del grupo. Esencialmente, los compañeros de equipo tienen que sentirse cómodos siendo vulnerables unos con otros.

Esta descripción contrasta con una definición más estándar de confianza que se centra en la capacidad de predecir la conducta de una persona según la experiencia anterior. Por ejemplo, uno debe «confiar» en que un compañero de equipo rendirá al máximo porque así lo ha hecho en el pasado.

Eso puede ser muy deseable, pero no basta para repre-

sentar el tipo de confianza que es propio de un gran equipo. Esto requiere que los miembros del equipo se hagan vulnerables unos a otros y tengan la seguridad de que su respectivas vulnerabilidades no serán utilizadas contra ellos. Me refiero a vulnerabilidades como debilidades, deficiencias de capacidad, defectos en las relaciones personales, errores y peticiones de ayuda.

Por más nimio que pueda parecer todo lo anterior, sólo cuando los miembros de un equipo se sienten verdaderamente cómodos si están expuestos unos a otros empiezan a actuar sin preocuparse de protegerse a sí mismos. El resultado es que pueden centrar completamente su energía y atención en el trabajo y dejan de actuar deshonestamente por estrategia o por mantener cuotas de poder.

Lograr confianza fundada en vulnerabilidad no es fácil, porque en el desarrollo de la carrera y de la educación la mayor parte de la gente exitosa aprende a ser competitiva con sus compañeros y a proteger su reputación. Y controlar esos instintos por el bien del equipo constituye todo un desafío para ellos; pero eso es, exactamente, lo que se requiere.

El costo de fracasar en esto es muy alto. Los equipos donde falta confianza desperdician una cantidad enorme de tiempo y energía controlando su conducta e interacciones dentro del grupo. Tienden a temer las reuniones y son reticentes a la hora de asumir riesgos pidiendo u ofreciendo ayuda. El resultado es que la moral de los equipos desconfiados suele ser muy baja y las renuncias o cambios de personal son comunes.

Sugerencias para superar la disfunción 1

¿Cómo hace un equipo para construir confianza? Desgraciadamente, la confianza basada en la vulnerabilidad no se puede construir de la noche a la mañana. Requiere com-

Los miembros de un equipo donde no hay confianza...
* Se ocultan mutuamente sus debilidades y errores
* Vacilan antes de pedir ayuda o compartir impresiones constructivas
* Vacilan antes de ofrecer ayuda fuera de sus propias áreas de responsabilidad
* Llegan a conclusiones acerca de las intenciones o aptitudes de otros sin tratar de aclararlas
* No reconocen ni examinan mutuamente las capacidades y experiencias
* Pierden tiempo y energía controlando su conducta para causar un efecto determinado
* Ocultan los resentimientos
* Temen las reuniones y buscan razones para evitar pasar tiempo juntos

Los miembros de equipos donde hay confianza...
* Admiten debilidades y errores
* Piden ayuda
* Aceptan preguntas y aportaciones sobre las áreas de las que son responsables
* Dan a cada uno el beneficio de la duda antes de llegar a conclusiones negativas
* Se arriesgan a ofrecer intercambio de impresiones y asistencia
* Aprecian e indagan las capacidades y experiencias de los demás
* Dedican tiempo y energía a asuntos importantes, no a luchas de poder
* Ofrecen y aceptan disculpas sin vacilar
* Propician las reuniones y otras oportunidades para trabajar como grupo

partir experiencias en el tiempo, múltiples instancias de seguimiento y credibilidad, y una comprensión profunda de los atributos únicos de los miembros del equipo. Sin embargo, si se hace un planteamiento bien enfocado, un equipo puede acelerar drásticamente el proceso y lograr confianza en un lapso relativamente breve. Estas son algunas herramientas para conseguirlo.

Ejercicio de historias personales
En menos de una hora, un equipo puede dar los primeros pasos para el desarrollo de la confianza. Este ejercicio de bajo riesgo sólo requiere que los miembros del equipo se

junten alrededor de una mesa durante una reunión y contesten una breve lista de preguntas acerca de sí mismos. Las preguntas no deben ser de naturaleza demasiado sensible y pueden incluir los siguientes puntos: número de hermanos, ciudad de nacimiento, desafíos especiales durante la infancia, aficiones favoritas, primer trabajo y peor trabajo. La mera descripción de estos relativamente inocuos atributos o experiencias puede hacer que los miembros del equipo comiencen a relacionarse sobre fundamentos más personales y a verse unos a otros como seres humanos con historias y antecedentes interesantes. Esto alienta la empatía y la comprensión y desalienta conductas injustas e inadecuadas. Es sorprendente lo poco que algunos miembros de un equipo saben de los demás y cómo basta una pequeña cantidad de información para empezar a romper las barreras. (Tiempo mínimo requerido: 30 minutos.)

Ejercicio de eficacia del equipo

Este ejercicio es más riguroso y relevante que el anterior, pero puede suponer mayor riesgo. Requiere que los miembros del equipo identifiquen la aportación más importante que cada uno de sus compañeros hace al equipo, y también el área que o bien deben mejorar o bien eliminar por el bien del equipo. Todos los miembros dan entonces sus respuestas, centrándose en una persona a la vez, empezando por lo general por el líder del equipo.

Si bien este ejercicio puede parecer una invasión de la intimidad individual y peligroso a primera vista, es notable lo practicable que puede resultar y la cantidad de información útil, constructiva y positiva, que se puede extraer en una hora. Y aunque el ejercicio de eficacia de un equipo requiere de cierto grado de confianza para resultar útil, hasta un equipo relativamente disfuncional a menudo lo puede aplicar con una tensión sorprendentemente baja. (Tiempo mínimo requerido: 60 minutos.)

Perfiles de personalidad y preferencia de conducta
Una de las herramientas más eficaces y permanentes para construir confianza en un equipo son los perfiles de los miembros del equipo en preferencias de conducta y estilos de personalidad. Esto ayuda a derribar barreras al permitir que las personas se comprendan mejor y simpaticen entre sí. Creo que la mejor herramienta es el Myers-Briggs Type Indicator (MBTI). Pero hay muchas otras, conocidas por distintos públicos. El propósito de la mayoría de estas herramientas es proporcionar una descripción conductual científicamente válida de varios miembros de un equipo según los distintos modos que tengan de pensar, hablar y actuar. Algunas de las mejores características de herramientas como MBTI son su naturaleza no crítica (ningún tipo es mejor que otro, aunque difieran sustancialmente), su planteamiento (no se fundan en astrología ni en ciencia *new age*) y la amplitud con que los participantes asumen un papel activo en la identificación de sus propios tipos (no reciben un impreso de ordenador o una puntuación que les indique el tipo). Muchas de estas herramientas necesitan que participe un consultor especializado, lo cual es importante para evitar el uso erróneo de sus poderosas implicaciones y aplicaciones. (Tiempo mínimo requerido: cuatro horas.)

Total intercambio de impresiones (360 grados)
Estas herramientas se han vuelto muy populares en los últimos veinte años y pueden producir muy buenos resultados para un equipo. Son más arriesgadas que los ejercicios y herramientas hasta ahora descritos, porque requieren que los participantes hagan juicios específicos e intercambien críticas constructivas entre sí. Creo que la clave para que funcione un programa de 360 grados es separarlo por completo de toda compensación o evaluación formal del desempeño. Debe ser empleado como una herramienta de desarrollo que permita que los empleados identifiquen fortalezas y debilidades sin

ninguna repercusión. Si se los vincula aunque sea ligeramente con la evaluación del desempeño o compensaciones, los programas de 360 grados pueden adquirir rasgos peligrosos de luchas por el poder.

Ejercicios de experiencias en equipo
Este tipo de actividades de experiencias en equipo parece haber decaído durante la última década. Y mejor que sea así. Sin embargo, muchos equipos lo hacen con la esperanza de aumentar la confianza. Y si bien hay ciertas ventajas en las rigurosas y creativas actividades al aire libre que implican apoyo colectivo y cooperación, esos beneficios no siempre se trasladan al mundo del trabajo. Dicho esto, los ejercicios de experiencias en equipo pueden ser herramientas valiosas para potenciar el trabajo en equipo mientras se apoyen sobre procesos más relevantes y fundamentales.

* * *

Si bien cada uno de estos instrumentos y ejercicios puede tener un impacto significativo de corto plazo en la capacidad de un equipo para construir confianza, deben ir acompañados de un seguimiento regular en el curso del trabajo diario. Las áreas de desarrollo individual deben volver a repasarse para asegurar que el progreso no pierda impulso ni ritmo. Incluso en los equipos más fuertes —y quizás especialmente en ellos— la atrofia puede conducir a erosionar la confianza.

El papel del líder

La acción más importante que un líder debe emprender para alentar la construcción de confianza en un equipo es demostrar primero su propia vulnerabilidad. Esto requiere que el líder arriesgue perder la cara ante el equipo, y por

ello los subordinados también deben correr el mismo riesgo. Y más importante: los líderes deben crear un ambiente donde no se castigue la vulnerabilidad. Incluso los equipos mejor intencionados pueden desalentar sutilmente la confianza al castigarse mutuamente por admitir debilidades o fracasos. Por último, la manifestación de debilidades debe ser genuina por parte del líder; esto no se puede fingir. Uno de los mejores modos de perder la confianza de un equipo es fingir vulnerabilidad para manipular las emociones de los otros.

Conexión con la disfunción 2

¿Cómo se relaciona todo esto con la siguiente disfunción, el temor al conflicto? Al construir confianza, el líder hace posible el conflicto, porque los miembros del equipo no vacilan en entregarse a debates apasionados y a veces emocionales, a sabiendas de que no se les castigará por decir algo que en otra circunstancia se podría interpretar como destructivo o crítico.

Disfunción 2: *temor al conflicto*

Todas las grandes relaciones, las que perduran en el tiempo, requieren de conflictos productivos para crecer. Esto vale para el matrimonio, la paternidad, la amistad y, por cierto, para los negocios.

Desgraciadamente, el conflicto es asunto tabú en muchas situaciones, especialmente en el trabajo. Y mientras más alto llegues en la cadena de la dirección de la empresa, más gente encontrarás que gasta enormes cantidades de tiempo y energía tratando de evitar los debates apasionados que son esenciales para todo gran equipo.

Es importante distinguir entre conflicto ideológico productivo y lucha destructiva y personal por el poder. El conflicto ideológico se limita a conceptos e ideas y evita enfocarse en cuestiones personales y en ataques mezquinos. Sin embargo puede contar con muchas de las cualidades exteriores del conflicto interpersonal —pasión, emoción y frustración— y tanto, que un observador externo fácilmente puede confundirlo con discordia improductiva.

Pero los equipos que se entregan al conflicto productivo saben que su único propósito es producir la mejor solución posible en el lapso más breve de tiempo. Discuten y resuelven problemas más rápido y más completamente que otros, y salen de acalorados debates sin sentimientos residuales ni daños colaterales, pero dispuestos para atacar el próximo problema importante.

Irónicamente, los equipos que evitan el conflicto ideológico para no herir los sentimientos de sus miembros suelen terminar alentando una peligrosa tensión entre ellos. Si los miembros de un equipo no discuten abiertamente y discrepan sobre ideas importantes suelen incurrir en ataques personales que son mucho más desagradables y dañinos que cualquier discusión sobre problemas concretos.

También resulta irónico que tanta gente evite el conflicto en nombre de la eficiencia, porque el conflicto saludable en realidad ahorra tiempo. Al contrario de la noción que dice que los equipos desperdician tiempo y energía discutiendo, los que evitan el conflicto se condenan a volver una y otra vez sobre los mismos problemas sin resolverlos. Suelen pedir a los miembros que se hagan cargo de sus problemas fuera del equipo, lo que parece un eufemismo por evitar el trato de un tema importante; pero éste se volverá a presentar en la reunión siguiente.

Sugerencias para superar la disfunción 2

¿Cómo se las arregla un equipo para desarrollar la capacidad y disposición para comprometerse en un conflicto saludable? El primer paso es reconocer que el conflicto es productivo y que muchos equipos tienden a evitarlo. Mientras algunos miembros del equipo crean que el conflicto es innecesario, hay pocas posibilidades de que suceda. Pero además del mero reconocimiento, hay algunos métodos sencillos para que el conflicto sea más habitual y productivo.

Los equipos que temen el conflicto...
- Tienen reuniones aburridas
- Crean un ambiente en el que abunda la lucha por el poder y los ataques personales
- Ignoran temas polémicos que son decisivos para el éxito del equipo
- No se interesan por las opiniones y perspectivas de los miembros del equipo
- Pierden tiempo y energía en fingimientos y manejo de riesgo interpersonal

---

Los equipos que se comprometen en conflictos...
- Tienen reuniones animadas e interesantes
- Extraen y explotan ideas de todos los miembros del equipo
- Resuelven rápidamente problemas concretos
- Minimizan la lucha por el poder
- Ponen sobre la mesa, para discutirlos, temas decisivos

Excavar

Los miembros de equipos que tienden a evitar conflictos deben asumir a veces el papel de «excavadores», el papel de quienes extraen desacuerdos ocultos dentro del equipo y los sacan a la luz del día. Deben tener el valor y la confianza para poner en circulación asuntos sensibles y para forzar a que el equipo los trabaje. Esto requiere de cierto grado de

objetividad en las reuniones y del compromiso de mantener el conflicto hasta que éste se resuelva. Algunos equipos pueden asignar a un miembro del equipo la responsabilidad de hacerlo durante una discusión o una reunión.

Autorización sobre la marcha

Durante el proceso de excavar para encontrar el conflicto, los miembros del equipo deben apoyarse entre sí para no abandonar una discusión saludable. Una manera sencilla pero eficaz para hacer esto es advertir cuándo los que están en pleno conflicto se están incomodando con el nivel de la discordia y entonces interrumpir el debate y recordar a todos que lo que están haciendo es necesario. Por más simple y paternal que esto pueda parecer, resulta una herramienta notablemente eficaz para restar tensión a un intercambio productivo pero difícil y para recuperar la confianza y poder continuar. Apenas termina el debate o la reunión, conviene recordar a los participantes que el conflicto en que acaban de participar es bueno para el equipo y que no hay que evitarlo en el futuro.

Otras herramientas

Como mencionamos arriba, hay diversas herramientas para estilos de personalidad y preferencias conductuales que permiten que los miembros de un equipo se comprendan mejor uno al otro. Como la mayoría incluye descripciones acerca de cómo tratan con los conflictos los distintos tipos, pueden resultar útiles para que la gente prevea su acercamiento o su resistencia. Otro instrumento relacionado específicamente con el conflicto es el Thomas-Kilmann Conflict Mode Instrument, habitualmente llamado TKI. Permite que los miembros de un equipo comprendan las inclinaciones naturales que se dan en torno de un conflicto y puedan así optar de manera más estratégica por la opción y planteamiento más apropiado en distintas situaciones.

El papel del líder

Uno de los mayores desafíos que afronta un líder que quiere promover conflictos saludables es su propio deseo de no perjudicar a los miembros del equipo. Esto conduce a interrupciones prematuras de los desacuerdos e impide que los miembros del equipo desarrollen capacidades adecuadas para tratar por sí mismos los conflictos. Esto se parece bastante a los padres que protegen excesivamente a sus hijos de peleas y altercados con sus hermanos. En muchos casos esto sólo sirve para tensar las relaciones pues priva a los participantes de oportunidades para desarrollar capacidades de manejo de conflictos. Los deja, además, a la espera de una solución que nunca llega.

Por lo tanto es clave que los líderes demuestren mesura cuando la gente se sumerge en un conflicto y que permitan que la solución ocurra naturalmente, por más confuso que esto pueda resultar a veces. Esto puede constituir todo un desafío, pues muchos líderes creen que no están haciendo bien su trabajo si pierden el control de sus equipos durante una situación conflictiva.

Por último, hay que decir, por más trillado que parezca, que es esencial que un líder tenga la capacidad de modelar personalmente una conducta apta para el conflicto. Si evita el conflicto cuando es necesario y productivo —y muchos ejecutivos lo hacen—, un líder de equipo puede alentar esta disfunción.

Conexión con la disfunción 3

¿Cómo se vincula todo esto con la siguiente disfunción, con la falta de compromiso? Si se acepta el conflicto productivo y se detectan las opiniones y perspectivas de los miembros del equipo, éste puede comprometerse confiadamente con

una decisión a sabiendas que todos se han beneficiado con las ideas de todos.

Disfunción 3: falta de compromiso

En el contexto de un equipo, el compromiso depende de dos cosas: de la claridad y de la aceptación. Los grandes equipos adoptan decisiones claras y permanentes y las concretan con la completa aceptación de todos sus miembros, incluso de quienes votaron contra esa decisión. Se marchan de las reuniones con la confianza de que ningún miembro del equipo abriga dudas sobre el apoyo que merece esa decisión.

Las dos grandes causas de la falta de compromiso son el deseo de consenso y la necesidad de certidumbre.

- *Consenso.* Los grandes equipos comprenden el peligro de buscar el consenso y hallan maneras de lograr que una decisión se acepte aunque un acuerdo completo sea imposible. Comprenden que los seres humanos razonables no necesitan que triunfe su posición para apoyar una decisión, sino que sólo necesitan saber que sus opiniones fueron escuchadas y consideradas. Los grandes equipos se aseguran de que las opiniones de todo el mundo sean consideradas genuinamente, lo cual provoca entonces la disposición a apoyar la decisión que finalmente tome el grupo. Si esto no resulta posible, el líder del equipo tiene autoridad para decidir.
- *Certidumbre.* Los grandes equipos también se enorgullecen de ser capaces de unirse tras las decisiones y por comprometerse en claros cursos de acción, aunque haya poca seguridad sobre si la decisión es correcta. Esto es así porque comprenden el viejo axioma militar que *una* decisión es mejor que *ninguna*. También reconocen que es me-

jor adoptar atrevidamente una decisión y equivocarse —y cambiar de dirección con igual atrevimiento— que no hacer nada.

Esto contrasta con la conducta de equipos disfuncionales que tratan de pulir aristas y postergan decisiones hasta que poseen datos suficientes para sentirse seguros de que adoptan la decisión correcta. Esto puede parecer muy prudente, pero es peligroso debido a la parálisis y ausencia de confianza que genera en un equipo.

Es importante recordar que el conflicto subyace en la disposición a no comprometerse si no hay información perfecta. En muchos casos los equipos poseen toda la información que necesitan, pero ésta reposa en la mente y en el corazón de sus miembros y se la debe extraer mediante un debate franco. Sólo cuando todos han puesto sus opiniones y perspectivas sobre la mesa puede el equipo comprometerse confiadamente con una decisión a sabiendas de que ha bebido de la sabiduría colectiva de todo el grupo.

Independientemente de que se deba o no a la necesidad de consenso o de certidumbre, importa comprender que una de las mayores consecuencias para un equipo *ejecutivo* que no se compromete con decisiones claras es la permanencia de discordias sin resolverse en el seno de la organización. Más que otras disfunciones, ésta crea un peligroso efecto creciente en los subordinados. Cuando un equipo ejecutivo no consigue la aceptación de todos sus miembros, y aunque las disparidades que existan sean relativamente pequeñas, los empleados a las órdenes de esos ejecutivos chocarán inevitablemente, al tratar de interpretar órdenes que no coinciden claramente con las que han recibido colegas de otros departamentos. Y, como un torbellino, las pequeñas fisuras entre ejecutivos de alto rango se convierten en discrepancias mayores cuando llegan a los empleados de menor rango.

Un equipo que no se compromete...

- Crea ambigüedades acerca de la dirección y las prioridades
- Ve escaparse oportunidades debido al excesivo análisis y la innecesaria postergación
- Alimenta la ausencia de confianza y el temor al fracaso
- Vuelve una y otra vez a las mismas discusiones y decisiones
- Alienta la suspicacia en los miembros del equipo

Un equipo que se compromete...

- Crea claridad en la dirección y en las prioridades
- Reúne a todos en torno de objetivos comunes
- Desarrolla la capacidad de aprender de los errores
- Aprovecha las oportunidades antes que los competidores
- Avanza sin vacilaciones
- Cambia de dirección sin vacilaciones ni culpas

Sugerencias para superar la disfunción 3

¿Cómo se las arregla un equipo para alcanzar el compromiso? Dando pasos específicos para maximizar la claridad y lograr la aceptación, y resistiendo la tentación del consenso y la certidumbre. Estos son algunos instrumentos y principios sencillos pero efectivos:

Cascada de mensajes

Una de las disciplinas más valiosas que puede adquirir un equipo sólo ocupa unos minutos y es completamente gratis. Al término de una reunión o de una jornada, un equipo puede revisar expresamente las decisiones clave que ha adoptado durante ese encuentro y acordar qué hay que comunicar a los empleados o a otras personas acerca de esas decisiones. Durante estos ejercicios suele suceder que los miembros del equipo adviertan que no todos sintonizan con lo que se ha acordado y que necesitan aclarar puntos específicos antes de pasar a la acción. Por otra parte, se aclaran qué decisiones son confidenciales y cuáles hay que comunicar pronto y sin cortapisas. Por último, al retirarse

de las reuniones de acuerdo entre sí, los líderes envían un mensaje profundo y conveniente a los empleados que se han acostumbrado a recibir indicaciones incoherentes y a veces contradictorias de gerentes que asistían a esas mismas reuniones. (Tiempo mínimo requerido: 10 minutos.)

Fechas límite
Por más sencillo que parezca, una de las mejores herramientas para asegurar el compromiso es el uso de fechas límite precisas para las decisiones y su respeto con disciplina y rigidez. El peor enemigo de un equipo susceptible a esta disfunción es la ambigüedad, y el respeto a una pauta temporal es uno de los factores críticos que deben quedar muy claros. Y más importante: el compromiso para fechas límite de decisiones intermedias y para etapas es tan importante como el de las fechas límite finales: así se asegura la identificación a tiempo de cualquier desajuste y el equipo tiene ocasión de rectificar antes de que los costes sean demasiado altos.

Análisis de contingencia y del peor escenario
Un equipo que lucha por alcanzar el compromiso puede empezar a superar esta carencia si discute brevemente planes de contingencia o, mejor todavía, aclarando el peor escenario para una decisión que está tratando de adoptar. Esto suele permitirle reducir el temor, pues los miembros del mismo se dan cuenta de que los costes de una decisión incorrecta son manejables y mucho menos perjudiciales de lo que habían imaginado.

Terapia de exposición a bajo riesgo
Otro ejercicio relevante para un equipo que tiene fobia al compromiso es hacer demostraciones de determinación en situaciones de riesgo relativamente bajo. Cuando los equipos se obligan a tomar decisiones después de una discusión sustantiva, pero acompañada de escaso análisis e investiga-

ción, suelen advertir que la calidad de la decisión que han adoptado es mejor de lo que habían esperado. Y lo que es más importante: aprenden que la decisión no habría sido muy diferente si se hubieran entregado a un estudio exhaustivo de larga duración. No estoy diciendo que el estudio y el análisis no sean necesarios o importantes, sino que los equipos que tienen esta disfunción tienden a sobre valorarlos.

El papel del líder

Más que cualquier otro miembro del equipo, el líder debe sentirse cómodo ante la perspectiva de adoptar una decisión que finalmente puede resultar equivocada. Y el líder debe estar presionando continuamente al grupo para que concluya el examen de los asuntos y para que respete el programa que se ha establecido. Lo que el líder no debe hacer es valorar demasiado la certidumbre o el consenso.

Conexión con la disfunción 4

¿Cómo se vincula todo esto con la siguiente disfunción, la evitación de responsabilidades? Para que los miembros de un equipo se puedan exigir mutuamente conducta y actuación adecuadas, deben saber con exactitud qué esperan. Hasta los más devotos creyentes en la responsabilidad individual suelen vacilar antes de pedir cuentas a otro por algo que nunca se planteó antes con claridad ni fue motivo de compromiso expreso.

Disfunción 4: evitación de responsabilidades

Responsabilidad es una palabra gastada, que ha perdido gran parte de su significado, pues se la ha utilizado tanto como *calidad* y como la expresión *atribución de poder*. Sin embargo, en el contexto del trabajo en equipo se refiere específicamente a la disposición de sus miembros a pedir cuentas a sus compañeros sobre desempeños y conductas que pueden perjudicar al equipo.

La esencia de esta disfunción es la falta de disposición de los miembros de un equipo para tolerar la incomodidad interpersonal que implica pedir cuentas a un compañero sobre su conducta y la tendencia general a evitar conversaciones difíciles. Los miembros de equipos excelentes superan estas inclinaciones naturales y prefieren entrar en zonas de peligro entre ellos.

Esto es más fácil decirlo que hacerlo, por supuesto, incluso en equipos cohesionados con fuerte relación personal. De hecho, los miembros de equipos que se sienten particularmente cercanos unos de otros a veces vacilan si tienen que pedirse cuentas, precisamente porque temen perjudicar una valiosa relación personal. Irónicamente, esto sólo hace que la relación se deteriore, ya que los miembros del equipo empiezan a resentirse unos con otros por no estar a la altura de las expectativas y por permitir que se erosionen los estándares del grupo. Los miembros de equipos excelentes mejoran sus relaciones haciéndose responsables mutuamente y demostrando así que se respetan unos a otros y tienen altas expectativas por el desempeño de cada uno.

Por más políticamente incorrecto que parezca, el medio más eficaz y eficiente de mantener altos estándares de desempeño en un equipo es la presión de los compañeros. Uno de los beneficios es la reducción de la necesidad de ex-

cesiva burocracia en torno a la gestión del desempeño y la corrección de las acciones. Más que cualquier otra medida o sistema, la gente se motiva para mejorar su desempeño si teme decepcionar a respetados compañeros de equipo.

Sugerencias para superar la disfunción 4

¿Cómo asegura un equipo la obligación de pedir responsabilidades? La clave para superar esta disfunción es aplicar unas pocas herramientas clásicas que son tan eficaces como simples.

Un equipo que evita la obligación de pedir responsabilidades...
- Crea resentimiento en miembros que tienen diferentes estándares de rendimiento
- Alienta la mediocridad
- No cumple con las fechas límite ni con cumplimientos clave
- Pone sobre los hombros del líder un peso indebido como única fuente de disciplina

---

Un equipo que se pide responsabilidades mutuamente...
- Asegura que quienes no rinden adecuadamente recibirán presiones para mejorar
- Los miembros identifican rápidamente los problemas preguntando sin vacilaciones por los planteamientos de cada cual
- Establece respeto entre sus miembros, que se someten a los mismos altos estándares
- Evita la excesiva burocracia en torno a la gestión del rendimiento y la acción correctiva

---

Publicación de metas y estándares
Una buena manera de facilitar que los miembros de un equipo se pidan cuentas mutuamente es aclarar públicamente lo que el equipo necesita lograr, quién tiene que cumplir qué y cómo debe comportarse cada uno para tener éxito. El enemigo de la obligación de rendir cuentas es la

ambigüedad e incluso si un equipo se ha comprometido inicialmente con un plan o un conjunto de estándares de conducta es importante mantener públicos estos acuerdos para que nadie los pueda ignorar con facilidad.

Revisiones sencillas y regulares del avance
Una pequeña estructura sirve mucho para ayudar a que la gente realice acciones que de otro modo no se sentiría inclinada a efectuar. Esto vale especialmente cuando se trata de facilitar el intercambio de impresiones sobre la conducta y el desempeño. Los miembros del equipo se deben comunicar regularmente entre sí, o bien verbalmente o por escrito, sobre cómo les parece que están trabajando sus colegas según las metas y estándares. Suponer que lo van a hacer de todas maneras, sin que haya expectativas claras ni estructura, es lo mismo que alentar el potencial de evitación de responsabilidad.

Recompensas al equipo
Si se desplazan las recompensas del rendimiento individual al logro en equipo, éste puede crear una cultura de pedir responsabilidades. Ocurre así porque no es probable que un equipo tolere tranquilamente fracasar porque uno de sus miembros no se está empleando a fondo.

El papel del líder

Uno de los desafíos más difíciles para un líder que quiere inculcar la obligación de pedir responsabilidades en un equipo es alentar y permitir que el equipo sirva como primer y primordial mecanismo de exigencia de pedir cuentas. A veces algunos líderes fuertes crean naturalmente un vacío de responsabilidades en el equipo y se convierten en la única fuente de disciplina. Esto genera un ambiente en el que los miembros del equipo suponen que el líder está exigien-

do responsabilidad a los demás; por eso son reticentes incluso cuando ven que algo no está bien.

Una vez que el líder ha creado una cultura de pedir responsabilidades en un equipo, debe estar dispuesto sin embargo a ser el árbitro final de la disciplina si el equipo falla. Esto debería ocurrir muy poco. No obstante, debería quedar claro para todos los miembros del equipo que no se ha relegado la responsabilidad a un asunto de consenso, sino que se trata de una responsabilidad compartida y que el líder no vacilará si es necesario intervenir.

Conexión con la disfunción 5

¿Cómo se vincula esto con la disfunción siguiente, la falta de atención a los resultados? Si a los compañeros de equipo no se les hace responsables por su contribución, es más probable que atiendan a sus propias necesidades y al progreso de ellos mismos y sus departamentos. Una ausencia de responsabilidad mutua constituye una invitación a que los miembros del equipo desplacen su atención a áreas diferentes a los resultados colectivos.

Disfunción 5: falta de atención a los resultados

La disfunción mayor de un equipo es la tendencia de sus miembros a ocuparse de algo distinto a las metas colectivas del grupo. Centrarse continuamente en objetivos específicos y en resultados claramente definidos es un requisito de todo equipo que se juzgue a sí mismo por su rendimiento.

Debo advertir que aquí los resultados no se limitan a medidas financieras como utilidad, ingresos o ganancias

de los accionistas. Si bien es verdad que muchas organizaciones en un medio económico capitalista miden en última instancia su éxito en esos términos, la disfunción se refiere a una definición mucho más amplia de resultados, que se relaciona con el desempeño basado en la contribución.

Toda organización especifica lo que espera lograr en un período determinado, y estas metas, más que las mediciones financieras que impulsan, conforman la mayoría de los resultados controlables de corto plazo. Así pues, aunque los beneficios puedan ser la medida definitiva de los resultados de una corporación, las metas y objetivos que los ejecutivos se marcan, sobre la marcha, para sí mismos son un ejemplo más representativo de los resultados que persigue como equipo. En última instancia, esas metas generan ganancias.

¿Pero en qué otra cosa que no sean los resultados se puede centrar un equipo? Los candidatos principales son el estatus del equipo y el estatus individual.

• *Estatus del equipo.* A determinados miembros de algunos equipos les basta para estar satisfechos el ser parte del grupo. El logro de resultados específicos les puede parecer deseable, pero no digno de grandes sacrificios y molestias. Esto puede parecer ridículo y peligroso, pero es un hecho que muchos equipos sucumben a la tentación del estatus. Puede suceder en organizaciones altruistas sin fines de lucro que terminan creyendo que la nobleza de su misión es bastante para justificar su satisfacción. Grupos políticos, departamentos académicos y compañías prestigiosas también son susceptibles a esta disfunción, ya que suelen concebir el éxito como algo meramente asociado con su organización *especial*.

• *Estatus individual.* Tiene relación con la conocida tendencia de la gente a centrarse en potenciar su propia posición o carrera a expensas de su equipo. Aunque todos los seres humanos tienen la tendencia innata a la autocon-

servación, un equipo funcional debe hacer de los resultados colectivos del grupo algo más importante para cada individuo que las metas individuales de cada uno.

Por más obvia que parezca a primera vista esta disfunción, y por más claro que sea que hay que evitarla, es importante advertir que hay muchos equipos que no se centran en los resultados. No viven y respiran para lograr objetivos significativos, sino más bien para existir o sobrevivir. Desgraciadamente para estos grupos, ninguna cantidad de confianza, conflicto, compromiso o responsabilidad puede compensar la falta de deseos de triunfar.

Sugerencias para superar la disfunción 5

¿Cómo se las ingenia un equipo para asegurarse de que su atención se centra en los resultados? Aclarando las metas y recompensando sólo las conductas y acciones que contribuyen a esos resultados.

Un equipo que no se enfoca en los resultados...
- Se estanca, no crece
- Muy pocas veces derrota a los competidores
- Pierde empleados orientados al logro
- Alienta a sus empleados a enfocarse en sus propias carreras y metas individuales
- Se distrae fácilmente

Un equipo que se enfoca en los resultados colectivos...
- Retiene a los empleados orientados al logro
- Minimiza las conductas individualistas
- Goza con el éxito, padece con el fracaso
- Aprovecha a individuos que subordinan sus propios intereses y metas al bien del equipo
- Evita las distracciones

Declaración pública de resultados
Un entrenador de fútbol o de baloncesto considera que una de las peores cosas que puede hacer un miembro del equipo es garantizar que su equipo ganará el próximo partido. En el caso de un equipo de atletismo, esto es un problema, porque puede provocar innecesariamente a un adversario. En el caso de la mayoría de los equipos, sin embargo puede ser útil anunciar públicamente el éxito que se pretende.

Los equipos dispuestos a comprometerse públicamente a resultados específicos tienen más probabilidades de trabajar con un deseo apasionado, incluso desesperado, para conseguir esos resultados. Los equipos que declaran «haremos lo mejor que podamos» se están preparando sutilmente, si no voluntariamente, para el fracaso.

Recompensas basadas en resultados
Una forma efectiva de que los miembros de un equipo enfoquen la atención en los resultados es vincular sus recompensas, especialmente las económicas, al logro de resultados específicos. Depender solamente de esto es problemático, pues se está suponiendo entonces que la motivación financiera es lo único que impulsa la conducta. Sin embargo, si se permite que alguien lleve a casa una bonificación por sólo «esforzarse» aunque no haya resultados, se está lanzando el mensaje de que lograr el resultado puede no ser al cabo tan terriblemente importante.

El papel del líder

El líder, quizá más que en el caso de otras disfunciones, debe establecer la pauta para centrarse en los resultados. Si los miembros del equipo advierten que su líder valora algo distinto a los resultados, considerarán esto como un permiso para hacer cada uno lo mismo. Los líderes deben ser desinteresados y objetivos y reservar las recompensas y el re-

conocimiento para aquellos que hacen verdaderos aportes al logro de las metas del grupo.

Resumen

A pesar de toda la información presentada aquí, la realidad sigue siendo que el trabajo en equipo significa en última instancia la práctica de un pequeño conjunto de principios durante un lapso prolongado. El éxito no es asunto de dominar una teoría sutil y sofisticada, sino de abrazar el sentido común con niveles poco comunes de disciplina y perseverancia.

Irónicamente, los equipos tienen éxito porque son sumamente humanos. Al reconocer las imperfecciones de su humanidad, los miembros de equipos funcionales superan las tendencias naturales que tornan tan elusivas la confianza, el conflicto, el compromiso, la responsabilidad y centrarse en los resultados.

Una nota sobre el tiempo: los métodos de Kathryn

Kathryn comprendió que los equipos fuertes pasan juntos un tiempo considerable y que al hacer esto en realidad ahorran tiempo pues eliminan la confusión y minimizan el esfuerzo y la comunicación redundantes. En conjunto, Kathryn y su equipo pasaron aproximadamente ocho días cada trimestre en encuentros programados, lo que significa menos de tres días por mes. Esto puede parecer poco si se lo considera en total, pero la mayoría de los equipos se niegan a pasar tanto tiempo juntos y dicen preferir el «trabajo verdadero».

Aunque hoy existen diversas formas de dirigir un equipo ejecutivo, vale la pena considerar los métodos de Kathryn. A continuación se describe cómo dirigió al cuerpo directivo después de las jornadas de construcción de equipo y la significativa inversión de tiempo requerida:

- Reunión de planificación anual y de desarrollo de liderazgo (tres días, fuera de la empresa).
  El temario incluía, entre otros temas, discusiones de presupuesto, perspectiva de planificación estratégica, entrenamiento en liderazgo, planificación de éxitos y mensajes en cascada.
- Reuniones trimestrales con el equipo ejecutivo (dos días, fuera de la empresa).

Los temas podían ser revisión de las metas principales, revisión financiera, discusiones estratégicas, debate sobre el rendimiento de empleados, resolución de asuntos clave, desarrollo del equipo y mensajes en cascada.

* Reuniones semanales del equipo ejecutivo (dos horas, en la empresa).

Los temas podían incluir revisión de actividades clave, revisión de avance de metas, revisión de ventas, revisión de clientes, resolución de problemas tácticos, mensajes en cascada.

* Reuniones sobre temas puntuales (dos horas, en la oficina).

Los temas podían incluir asuntos estratégicos que no se pueden debatir en las reuniones semanales.

Homenaje especial al trabajo en equipo

Cuando estaba por terminar este libro, sobrevinieron los horribles sucesos del 11 de septiembre del 2001. En medio de la inenarrable tragedia de la situación y la asombrosa respuesta del país, emergió un poderoso ejemplo de trabajo en equipo, al que debemos rendir tributo aquí.

Los hombres y mujeres de los departamentos de bomberos, rescate y policía de la ciudad de Nueva York, de Washington D.C. y Pennsylvania demostraron que los grupos de personas que trabajan juntos pueden lograr lo que ninguna reunión de meros individuos podría soñar.

En profesiones de servicios de emergencia como éstas, los miembros del equipo viven y trabajan juntos y desarrollan lazos de confianza que rivalizan con los de las familias. Esto les permite comprometerse en debates centrados y sin frenos acerca del curso de acción correcto que se debe adoptar cuando cada segundo es precioso. El resultado es que son capaces de comprometerse rápidamente en decisiones en absoluto ambiguas y en las circunstancias más peligrosas que a la mayoría de otros seres humanos exigirían más información antes de actuar. Y con tanto en juego no vacilan en presionar a sus colegas y pedirles cuentas por sus tareas, a sabiendas de que basta que un miembro del equipo sea descuidado para que haya vidas en pe-

ligro. Finalmente sólo tienen una finalidad: proteger la vida y la libertad de los demás.

La prueba suprema de un gran equipo son los resultados. Y si se considera que decenas de miles de personas lograron escapar de las torres del World Trade Center en la ciudad de Nueva York y en el Pentágono, no hay duda que eran extraordinarios los equipos que arriesgaron y perdieron su vida para salvarlas.

Que Dios les bendiga a todos y también a las víctimas y sobrevivientes que trabajaron juntos para salvar.

Agradecimientos

Este libro es el resultado de un esfuerzo en equipo, no sólo durante su escritura sino en el curso de toda mi educación y carrera. Me gustaría agradecer a la gente que me ha ayudado en la vida. En primer lugar, agradezco a la cabeza de mi primer equipo, mi mujer, Laura. No puedo describir adecuadamente mi agradecimiento por tu amor incondicional y tu compromiso indeclinable conmigo y con los niños. Y agradezco a Matthew y a Connor, que pronto podrán leer uno de mis libros, aunque por cierto prefieren al Dr. Seuss. Me dais tanta alegría.

Después agradezco sinceramente a mi equipo de The Table Group, sin cuyas ideas, trabajo de edición y pasión este libro no habría llegado a existir. A la intuición de Amy, a la extraordinaria e interminable diligencia de Tracy, al cariñoso apoyo de Karen, a la estilizada sabiduría de John, a la optimista inteligencia de Jeff, a la perspicacia y humor de Michele y a la juvenil autenticidad de Erin. Estoy constantemente asombrado y conmovido por la profundidad y calidad de vuestro compromiso. Me habéis ayudado a comprender más del trabajo en equipo que ningún grupo que he conocido, y os lo agradezco.

Quiero agradecer el apoyo y amor de mis padres. Siempre me habéis dado la seguridad emocional que necesitaba para arriesgarme y soñar. Y me habéis dado tantas cosas que vosotros nunca habéis tenido.

Gracias a mi hermano, Vince, por su pasión, intensidad y preocupación.

Y a mi hermana, Ritamarie, por su sabiduría, amor y paciencia que significan cada año más para mí.

Y a los cientos de primos, tíos, tías y parientes políticos —los Lencioni, Shanley, Fanucchis y Gilmore—. Gracias por vuestro interés y bondad, lo que significa mucho para mí aunque esté tan lejos de muchos de vosotros.

Gracias a Barry Belli, Will Garner, Jamie y Kim Carlson, a los Bean, los Ely y los Patch por vuestro interés y amistad de tantos años.

Agradezco a los muchos jefes y mentores que he tenido durante mi carrera. A Sally DeStefano por su confianza en mí. A Mark Hoffman y a Bob Epstein por su honestidad. A Nusheen Hashemi por su entusiasmo. A Meg Whitman y a Ann Colister por su consejo y apoyo. Y a Gary Bolles por su aliento y amistad.

Agradezco a Joel Mena por su pasión y amor. A Rick Robles por su entrenamiento y enseñanza. Y a muchos de los otros profesores y entrenadores que tuve en Our Lady of Perpetual Help School, en el Garces High School y en el Claremont McKenna College.

Agradezco a los muchos clientes con que he trabajado en el curso de los años por su confianza y compromiso en la construcción de organizaciones más saludables.

Quiero agradecer especialmente a mi agente, Jim Levine, por su humildad e insistencia en la excelencia o, como dice mi mujer, por ser un «humilde pateador en el culo». Y a mi editora, Susan Williams, por su entusiasmo y flexibilidad. Gracias a todos en Jossey-Bass y Wiley por vuestra perseverancia, apoyo y compromiso.

Y por último, lo que sin duda es lo más importante, doy todas las gracias a Dios Padre, Hijo y Espíritu Santo por todo lo que soy.

Acerca del autor

Patrick Lencioni es presidente de The Table Group, una firma de consultores de empresa del área de San Francisco, y autor de los best sellers *Las cuatro obsesiones de un ejecutivo* (Empresa Activa, Barcelona, 2002) y *Las cinco tentaciones de un directivo*. Además de su trabajo de consultor y especialista en *coaching*, Pat es un conferenciante sumamente solicitado. Antes de fundar The Table Group, había trabajado. Participa en numerosos directorios asesores y es miembro de la Make-A-Wish Foundation of America. En el curso de los años, Pat ha trabajado con cientos de equipos de ejecutivos y directores de empresas, todos los cuales en alguna ocasión han debido encarar disfunciones en sus equipos.

Pat vive con su mujer, Laura, y sus gemelos Matthew y Connor, en el área de la bahía de San Francisco. Se puede establecer contacto con él en la página web www.tablegroup.com o en patricklencioni@tablegroup.com

Otros libros del autor en Empresa Activa

LAS CUATRO OBSESIONES
DE UN EJECUTIVO

Rich O'Connor, fundador y Consejero Delegado de Telegraph Partners, tiene ante sí un reto que cuestiona su liderazgo y sus convicciones sobre la manera de dirigir una empresa. Sin embargo, la solución a sus problemas se encuentra en una hoja de papel que conserva sobre la mesa de su despacho...

Los protagonistas de esta entretenida narración dirigen dos empresas competidoras que representan sendos modelos organizativos contrapuestos.

Lencioni nos ofrece una gran lección de sabiduría empresarial: resulta crucial para los directivos de cualquier empresa dedicar sus mayores esfuerzos a construir una organización saludable. Este objetivo suele ser relegado por muchos líderes porque requiere disciplina, coraje, una visión a largo plazo y resulta difícil de medir en términos cuantitativos.

Las cuatro obsesiones de un ejecutivo presenta las cuatro claves fundamentales para conseguir que una empresa cuente con una organización que goce de buena salud:

- Crear un equipo de liderazgo
- Crear claridad organizacional
- Comunicar esa claridad
- Reforzar la claridad organizacional mediante los sistemas humanos.

También proporciona las herramientas para aplicar esos principios de una manera clara y tremendamente práctica.

REUNIONES QUE MATAN

Casey McDaniel nunca había estado tan nervioso en toda su vida. En unos minutos empezará una reunión que determinará el destino de su carrera, su futuro económico, y el de la compañía que había levantado desde sus cimientos, Yip Software. Casey se encuentra inmerso en un problema que él mismo ha creado, pero no sabe cómo solucionar. Sus empleados no pueden ayudarle; están tan aturdidos como él por culpa de sus insufribles reuniones. Sin embargo, un consultor inesperado, Will Petersen, le propone un enfoque poco convencional, incluso radical, para solucionar el problema de las reuniones. Casey está tan desesperado que decide escucharle.

En su última y cautivadora obra de ficción empresarial, el prestigioso autor Patrick Lencioni ofrece a los lectores un nuevo libro provocador, centrado en buscar una solución para el problema más doloroso, aunque infravalorado, de las empresas actuales: las reuniones ineficaces.

Lencioni recrea una historia verídica para exponer su innovador modelo, y de esta forma nos muestra cómo se puede aplicar al mundo real. Sus propuestas son sencillas y a la vez revolucionarias. *Reuniones que matan* es sobre todo una alternativa para los líderes que desean prescindir de elementos superfluos, despejar la frustración de sus equipos, y crear entornos eficaces y comprometidos.

SEÑALES

SEÑALES
Indicios para hacer satisfactorio cualquier trabajo

Todos conocemos a personas que afirman sentirse desencantadas con su trabajo. La insatisfacción laboral afecta a todos los sectores y además de ser un freno para la realización personal tiene efectos negativos incalculables en la productividad.

A partir de una fábula reveladora, en la que pueden verse reflejados tanto ejecutivos como empleados, Patrick Lencioni explica cuáles son los tres indicios inequívocos de que un trabajo no es satisfactorio: si la persona desconoce la relevancia de su ocupación, si se siente ignorado o si es incapaz de evaluar su contribución de una forma objetiva. Si se producen estas señales el resultado será el desgaste físico y moral. La solución está en comprender que una de las funciones más importantes de un directivo es proporcionar a su equipo los medios para evitar el callejón sin salida de la frustración. Esta historia nos muestra cómo fomentar el nivel de satisfacción profesional de manera sencilla y con resultados espectaculares.